新时期智慧图书馆建设研究

李青燕◎著

远方出版社

图书在版编目（CIP）数据

新时期智慧图书馆建设研究 / 李青燕著. -- 呼和浩
特 : 远方出版社, 2022.12
ISBN 978-7-5555-1814-3

Ⅰ.①新… Ⅱ.①李… Ⅲ.①数字图书馆—图书馆工
作—研究 Ⅳ.①G250.76

中国国家版本馆CIP数据核字(2023)第003432号

新时期智慧图书馆建设研究
XINSHIQI ZHIHUI TUSHUGUAN JIANSHE YANJIU

著　　者	李青燕	
责任编辑	蔺　洁	
封面设计	李鸣真	
版式设计	王改英	
出版发行	远方出版社	
社　　址	呼和浩特市乌兰察布东路 666 号　邮编 010010	
电　　话	（0471）2236473 总编室　2236460 发行部	
经　　销	新华书店	
印　　刷	内蒙古爱信达教育印务有限责任公司	
开　　本	787mm×1092mm　1/16	
字　　数	160 千	
印　　张	12.5	
版　　次	2022 年 12 月第 1 版	
印　　次	2022 年 12 月第 1 次印刷	
标准书号	ISBN 978-7-5555-1814-3	
定　　价	48.00 元	

目录

第一章　智慧图书馆的概念界定

第一节　智慧图书馆发展的背景

在网络技术、数字技术快速发展的背景下，产生了海量的资源，这些资源以多种形式在网络上传播；依托广泛的互联网和智能感知技术而产生的物联网，不仅为个人用户提供方便，对企业用户而言，更是一个绝佳的途径，使其能够方便快捷地收集情报、获取数据。大数据是在物联网技术、云计算技术、社交网络交互技术以及移动互联网技术等相互结合的基础上建立起来的。同时，以云计算、物联网传感等为重要技术支撑，以大数据为基础而实现的智慧服务。

在2009年IBM 提出"智慧地球"概念之前，有关智慧图书馆的研究文献屈指可数，实践项目中所谓的"智慧图书馆"基本等同于"智能图书馆"，其特色服务有智慧一站式服务、基于移动设备实现的移动服务、基于射频识别（RFID，即Radio Frequency IDentification）技术的自助服务等。"智慧地球"的理念经过IBM在全球范围的宣传后，"智慧城市""智慧社区""智慧校园"等纷纷活跃起来,图书馆界也与时俱进,结合图书馆发展的形势,开始关注"智慧图书馆"的建设。

澳大利亚、芬兰、加拿大等国在2003年到2004年开始参与智慧图书馆的理论研究和实际建设,并发展形成了图书馆联盟。同时,美国图书馆协会也开始密切关注智慧图书馆的发展。我国则是在2005年之后开始在部分城市的图书馆中试验应用射频识别技术进行科学管理。2009年8月,随着"尽快建立中国传感信息中心"建议的提出,我国的物联网相关产业逐渐发展起来,智慧图书馆的建设在这样的环境中得到快速发展。

第二节　智慧图书馆的概念缘起与界定

一、智慧图书馆概念的起源

"智慧"在众多古典书籍和文献中都存在不同的含义和象征。在我国古代典籍《墨子·尚贤》中篇中有"若此之使治国家，则此使不智慧者治国家也，国家之乱，既可得而知已"这句话。智慧指的是人们在社会生活中利用聪明才智解决问题的过程中得到的经验，这样的经验又能反作用于人们今后的生活。而在现代生活中，人们对于智慧建立起了更加先进、更加全面的认知，智慧逐渐发展为人们正确认识世界、正确处理问题的能力。

结合长久以来的研究和经验，我们可以充分认识到智慧是由人的智力、非智力、知识、技能、观念、审美与评价等共同形成的系统，智慧的形成原因也十分复杂，存在先天遗传、后天获得、生理与心理等众多影响因素。当前社会中，人们通常认为智慧分为创新、发现和规整三种内容。

智慧图书馆一词最早是由芬兰的Aittola等人在人机交互移动设备国际研讨会中提出的。他们形容智慧图书馆是一个不受空间限制，可以被感知的移动图书馆。但是，对于智慧图书馆的深入研究是在2009年"智慧地球"理念形成之后才逐渐展开。我们从时间角度进行回溯，对智慧图书馆、智慧地球、智慧城市三者的概念及内在的联系进行分析，从而阐述智慧图书馆的产生。

1. 智慧地球

2008年11月，IBM董事长塞缪尔·帕尔米萨诺在美国对外关系委员会上发表演讲，首次提出了构建智慧地球的新概念。该理念的核心强调了环保、高效及可持续发展。得益于长时间以来取得的技术进展，人类世界的组织体系和产业系统正在变得更加仪器化、互联化和智能化。智慧地球在这一技术基础上，可以帮助全球范围内商界、政府和社会群体中的领导群体有效利用智能系统，实现经济增长，提高社会经济运行效率，提高可持续发展和社会进步的潜力。2010年1月，塞缪尔·帕尔米萨诺又发表了题为"智慧的十年"的演讲。他在该演讲中再次阐述智慧地球的概念，即指智能正在被注入能够提供服务的系统和流程中。

2. 智慧城市

2010年5月，IBM公司发布名为"智慧城市，智慧发展"的业务报告，从而提出了智慧城市的概念。这一概念被用作探讨如何优化城市功能，以推动人才经济模式的发展和提升居民生活品质。由于智慧城市概念的定义和内涵持续演变，所以学界和业界对此仍未形成共识。IBM公司将智慧城市理解为充分利用新科技及其影响，使其系统、运作、服务得到改进和提升，相对传统城市更具智慧的城市。香港在此基础上进一步解释智慧城市是在城市的不同领域，使用新理念与新方法，或者利用信息科技，将城市的组成系统加以连接和整合，以产生协同效应，使得资源运用更有效率，从而优化城市管理和服务、提高居民生活质量的一种运作方式。

3. 智慧图书馆

由于技术的不断发展和理论的不断深入，人们对智慧图书馆的认识也在持续深入。但是，目前对于智慧图书馆的理论研究还处于初始阶段，所以图书馆学界暂时未对智慧图书馆形成较为统一的认识。

从时间角度看，智慧图书馆概念的提出虽然最早，但智慧图书馆的概念在随后的发展中受到之后提出的智慧地球、智慧城市概念的深刻影响，从早期强调移动服务逐步发展为强调互联互通的全方位服务。可以说，智慧图书馆的概念正在向智慧地球、智慧城市高效、可持续的发展理念逐步靠近。三者在本质上都强调了人与资源的互相连接，服务及功能的优化也都拥有共同的技术基础——以人工智能和物联网为代表的新一代计算机网络技术。同时智慧地球、智慧城市、智慧图书馆三者间也构成了一种包含关系，即智慧城市是智慧地球概念的一个关键组成部分，由城市开始构建智慧地球，而图书馆又是城市的组成部分之一，若要形成智慧城市体系，就必须使城市中的组成部分也实现智慧化，所以，构建智慧图书馆是推动智慧城市形成的重要前提。可以说，现阶段的智慧图书馆概念是受智慧地球、智慧城市概念影响而形成的继发概念，也是智慧地球、智慧城市理论在图书馆学界的延伸。

由于智慧图书馆的定义还没有定论，因此智能建筑、云计算、物联网等不同的研究角度对于智慧图书馆都有不同的理解。智慧图书馆依托先进的信息技术而建立，结合了物联网的技术和数字图书馆的特点，是适应社会高新技术发展的新型图书馆。

智慧图书馆以数字化、网络化、智能化等作为基础，将人物互联作为发展重心，将以往单一的知识服务升级为智慧服务，以更加便捷智慧的形式促进人们生活的进步。智慧图书馆能够依靠现代信息技术随时为人们提供帮助，不仅能够提供传统图书馆的知识服务，还能结合以人为本的原则满足人们日益增长的精神需求和个性需求。智慧图书馆是传统图书馆借助信息技术适应社会发展的一次转型，在管理、技术、服务等各方面都实现了新的发展。

二、智慧图书馆概念的界定

1. 智慧图书馆的基本概念

智慧图书馆有机结合了先进的智能技术、智慧馆员和传统的图书馆服务，并以智慧服务为中心进行建设。智慧图书馆依靠先进的信息技术，利用丰富的媒体资源，推进馆员与读者之间共同的情境感知，创新性地将技术、资源、服务等重要因素联系起来，实现更好的发展。

结合图书馆以往的创新形式可以看出，图书馆概念的变化就是随着时代发展融入迎合时代的新元素，例如数字图书馆、移动图书馆、复合图书馆等，都是将时代发展关注的因素融入图书馆建设而形成的概念。以函数的形式来理解图书馆概念的界定，可以将图书馆看作Y，将时代元素视作X，那么图书馆概念的发展过程就是Y增加自变量的过程。图书馆这个函数关系可以写作Y=f（X1，X2，X3，...，Xn），从函数的变化我们能够看出，图书馆的概念随着自变量，也就是时代元素的加入而越来越丰富。

传统图书馆的核心元素是文献和馆舍，也就是X1和X2，传统图书馆的概念是在这两个时代元素的加持下诞生的。数字图书馆的核心元素也包含文献，但是依托于信息技术的数字图书馆不需要馆舍支持，因此数字图书馆这个函数的X2就是数字化程度。移动图书馆是在数字图书馆的基础上发展而来的，除了文献和数字化程度两个元素，还需要移动技术的支撑。复合图书馆是在以往的图书馆基础上形成的融合型图书馆，包含了文献、数字化程度、环境等丰富的因素。比以往的图书馆更加先进的智慧图书馆则具备更多基础元素和时代因素，包括文献、专业馆员、读者需求、智能技术、环境等，最终形成一个更加复杂的复合函数，对这个复合函数求偏微分的过程就是对智慧图书馆资源进行个性化和情景化重组的过程。

智慧图书馆的英文名称是Smart Library，Smart的含义是聪明、智慧以及精确，这代表智慧图书馆不仅具备智慧、智能的特点，而且具有精准的特征。对智慧图书馆资源进行个性化和情景化重组的过程，也就是强化智慧图书馆的精准化服务的过程。实现智慧图书馆的精准化服务就要充分结合互联技术、云计算、智能技术等技术支持，加强情境感知服务的建设。

2.数字图书馆、复合图书馆以及智慧图书馆的相互关系

（1）数字图书馆

数字图书馆概念的提出是伴随着互联网的发展而逐步形成、演化和

发展的，最初以"Digital Library"的概念在西方被提出，于1993年得到公认并迅速发展。我国于1995年从国外研究中引入数字图书馆的概念。孙坦（2000年）在与传统图书馆特点的对比中，提出数字图书馆是在互联网技术下，可以超越时空限制来进行信息收集、组织加工、存储和传递的图书馆。他将数字图书馆分为数字化的、网络化的和知识化的三个发展阶段，体现出人们通过数字技术加工信息并提供服务的能力逐渐提高。镇锡惠（2006年）在回顾我国数字图书馆研究历程时，罗列了我国学者对于数字图书馆的主要定义，包括：数字图书馆是一个庞大的信息存储系统，帮助读者查找经过组织的有序信息和知识；数字图书馆是一个以智能技术和数据库资源为基础的信息知识库，满足人们信息查找和获取的需要；数字图书馆是可以突破时空限制的巨型知识中心和信息系统，为读者提供高效便利的文献信息服务。可见，数字图书馆具有显著的数字化、信息化、网络化特征，相比传统图书馆，具有明显的超时空、利检索、快传输、便共享的优势。

（2）复合图书馆

1996年英国图书馆学家S.Stton将图书馆分为传统型、自动化型、复合型和数字型四个发展阶段，最早提出"复合图书馆"这一概念，并认为在这一阶段，图书馆可以实现传统馆藏与数字馆藏并存的现象，并逐渐趋向数字型。这一概念提出后，关于其内涵定位的讨论在图书馆学界日渐增多。在我国，黄宗忠、王晓东（2002年）认为复合图书馆是图书馆转型发展中的必经过程，而非一个过渡状态，是传统与数字特征并行的新模式。初景利（2005年）也认为复合图书馆是一种适应读者需求并能充分体现信息技术变化的一种图书馆模式，需要挑战网络化，提供新的电子服务并且更加贴近读者。就其对复合图书馆建设目标与实施策略的论述而言，复合图书馆的构建比传统图书馆和纯数字图书馆有更高的要求，不仅需要对传统图书馆的纸质文献资源服务进行优化和完善，而且需要对电子资源有更高的整合和利用能力。另一层面上，复合图书馆也体现了图书馆更加关注读者需求的特点，突出了服务的个性、多样和及时性特征。

（3）三者之间的联系与区别

从时间脉络上看，传统图书馆经过发展，出现数字图书馆，最显著的特征是电子化的文献资源及增加的相应服务，但数字图书馆并不能完全取代传统图书馆的纸质资源服务，从而提出了复合图书馆的概念，即两种类型图书馆并行发展模式。复合图书馆可充分发挥传统图书馆和数字图书馆的特征优势，满足更加多样的服务需求，如今，我国图书馆的主要模式即复合图书馆模式。智慧图书馆是在数字图书馆和复合图书馆的基础上，在物联网以及人工智能等技术的进一步发展和广泛应用的条件下，催生出的图书馆发展新模式。智慧图书馆相较数字图书馆更加智能，相比复合图书馆服务更加精准多样，是未来图书馆发展的主要趋势。

数字图书馆、复合图书馆和智慧图书馆作为图书馆发展演变进程的三个连续阶段，具有一些共同之处。

第一，三者都依靠新兴技术支持，使图书馆对文献资源的加工整合能力、开放共享能力、检索速度和效率、对读者需求的了解程度和服务质量等，都有了很大提升，并且逐步加强。

第二，对图书馆工作人员和读者的能力素质都有了更高要求，信息化程度提高，使得图书馆的资源服务类型和服务数量增多，这就要求人们获取、掌握、处理、利用资源的能力都要随之提高，同时，在图书馆服务提供和读者资源使用的过程中，面临的问题也会增加，一定程度上也对图书馆的相关规章制度有了更加详细的要求。

处于不同发展时期的三种类型的图书馆也存在许多不同之处。

第一，资源建设的目标不同。数字图书馆主要是对文献资源的数字化处理以及各种数据库的引进和使用。复合图书馆在提供数字资源的同时，还需要对传统纸质资源进行更深程度上的加工，形成二次、三次资源，形成具有馆藏特色的资源结构。智慧图书馆则更加注重通过先进的技术和设备，充分发挥馆员的能力水平对各种资源进行整合利用。

第二，服务模式不同。数字图书馆主要为读者提供电子文献服务。复合图书馆在对纸质和电子资源的加工处理下，为读者提供方便快捷的信息服务。智慧图书馆则在对各类资源的充分整合下，为读者提供精准高效的知识服务，而且更注重读者的使用体验。

第三，依靠技术不同。传统图书馆主要依靠人力，通过馆员的自身能力完成各项服务。数字图书馆和智慧图书馆则是利用现代化的信息技术大大解放了人力。数字图书馆主要通过电子化手段实现资源的数字化，以利于通过网络实现的互联和共享。智慧图书馆则是在广泛互联的情况下，通过物联网将资源、设备、馆舍、馆员、读者连为有机的整体，每个人既是图书馆的建设者也是享受者，并且可以通过大数据、云计算技术，精准分析读者的阅读数据，更好地了解读者需求，各项人工智能技术也可以为读者提供更舒适的阅读环境和氛围，真正做到智慧服务。

三、智慧图书馆相关理论的阐述

1.服务特征

图书馆秉持全心全意为读者服务的原则，利用馆内资源和设备，为读者提供多样化的服务，以满足读者阅读、获取、利用文献情报信息的过程，这就是图书馆服务。传统图书馆作为一座巨大的"藏书楼"，其功能主要以藏为主，相应所提供的图书馆服务，即以纸质资源为主体的阅览和借还服务。随着图书馆的转型发展和文献资源类型的增多，图书馆除保留传统的借还服务，还广泛开展参考咨询、学科服务、专题推送、科技查新、情报检索等服务，一些图书馆还配合其他部门开展阅读指导、信息检索、图书讲座、精品展览等服务。图书馆之间还会形成馆际合作和联盟，共同开展文献的传递和互借等服务。

从图书馆服务的发展演化历程可以看出，其服务内容一直围绕读者需求展开。随着读者需求的多样化，图书馆服务类型也更加多样，服务领域逐步拓宽，由被动地提供文献资源向主动了解读者需要并主动提供相应服务转变。为了更好地了解读者需求，图书馆通过读者行为和读者调研获取数据，分析读者的行为倾向，提升针对性服务水平，使三方在协调配合间共同推动图书馆的发展。

智慧图书馆服务的研究主要体现在内容和构建两个方面。在服务内容方面，黄幼菲认为智慧服务是引导读者构建结构化的信息素养，培育读者形成驾驭、运用、创新知识的能力；梁光德同样强调智慧服务旨在提高读者对知识的运用能力，服务内容包括决策支持、科学研究和产品研发；初景利则认为智慧服务是实现精准的个性化服务，为读者提供更具有知识价值的解决方案。在服务构建方面，陈臣基于大数据构建了包括应用层、平台层、传输层、感知层四个层次的服务体系框架，用以实现对数据的深度挖掘、读者需求的感知和安全的图书馆管理；陈臣针对泛在的智慧服务构建了读者、场馆、感知、网络、数据处理、应用六个层面的智慧图书馆模型，以形成协同优势，满足读者的多样化需求，保障智慧图书馆的良性发展。

服务模式是服务在提供和使用过程中所采用的不同方法和形式。图书馆服务模式，即图书馆在提供各类服务时所涉及的主要内容和运用的主要方式，包括所依靠的主要资源、设备和技术。从图书馆服务所提供的资源内容上看，随着对资源加工程度的不同，图书馆服务主要经历了传统文献资源服务模式、情报信息资源服务模式、知识关联服务模式几种类型。文献信息服务主要包括文献的借阅、传递、复制、传播、摘要和综述、收录和查引等服务，多是未经加工的原始文献；情报信息服务，即对原始资料经过不同层次加工所形成方便人们利用的信息资源，并为读者提供相应的参考咨询、情报检索、教学、科学研究及预测等服务，为读者解决了检索筛选信息的困难，节省了信息获取时间；知识服务是更深程度的信息服务，它改被动为主动，对专题信息进行深层次的加工整合和关联，根据读者的问题和需求，通过知识网络提供精准内容和解决方案的专门服务，是一种信息增值服务。另一方面，从图书馆服务依靠的技术资源上看，它又经历了依靠人力、依靠自动化设备到依靠新兴技术的模式转变。传统的借阅和咨询服务主要依靠图书馆员来完成，服务在馆员和读者间产生和实现。之后随着电子化信息资源类型的增加以及文献资源量的增多，自动化的图书设备代替传统人力承担起主要的查询和借阅任务，在方便读者的同时，也为图书馆员留出更多时间开展和创新其他馆内服务。如今，随着各种新技术的兴起和应用，各种智能化的电子互联设备在节省人力资源的同时，还可以为读者提供更多类型的服务，并且提供多种方式，使读者可以亲身参与图书馆的资源建设和文化活动，大大提高了图书馆服务的主动性和创造性，使每个人既是图书馆服务的建设者也是享受者。

从整体上来看，智慧图书馆服务是利用图书馆的数据分析读者的潜在需求并提供有针对性的互动与反馈，从而形成高品质的图书馆服务。这种服务模式具体表现在基于评估读者实际使用的基础上，依托有效的服务框架，使各种实体或虚拟资源在每一位读者中间形成立体化的流动，针对不同需求形成有效的解决方案，从而实现信息资源乃至知识的共通共享。

2. 信息体系

2003年，芬兰图书馆学者艾托拉（Aittola）等人在《智慧图书馆：基于位置感知的移动图书馆服务》一文提出智慧图书馆（Smart Librdy）的概念。次年，米勒在核爆炸物法规制定会议发表名为《智慧图书馆：强调科学计算的图书馆的SQE最佳实践》的研究报告，介绍了部分软件的实践情况，提出智慧图书馆旨在将使用图书馆时出错的可能性最小化，并且最大限度地提高读者诊断和纠正错误的能力。在提出智慧城市概念后，图书馆学界在此基础上提出了作为智慧城市组成部分的智慧图书馆概念，图书馆作为城市信息生态系统的重要一环，本身是技术和情报基础设施，提供获取信息、收集数据、产生知识的功能，为社区创造文化和科学价值，由此智慧城市和智慧图书馆产生了必要的关联，这也为智慧图书馆的相关研究提供了必要的理论基础。此后，为应对社会高速发展和新技术所带来的挑战，图书馆学和信息科学方面针对图书馆的管理和宣传开发了众多新的体系模型，以期通过这些新概念，使得图书馆适应新的时代背景，对原有图书馆的服务、结构和职能进行了重组。

这些体系按照共同的特点可以归纳为六个方面：图书馆是知识生态体系中能够发挥认知作用的文化基础设施；寻求与社群更加紧密的联系以及对读者需求、读者行为和信息素养的培养；促使图书馆拥有新的社会功能和更积极的社会影响；可持续发展观点成为图书馆战略决策的重要参考；注重资源共享、合作开放、互联互通；强调创新技术的重要性。

3. 智慧建筑

从建筑层面对智慧图书馆进行探讨，其研究重点往往不是图书馆事业本身，而在于建造规划、设备运用等方面。其所属学科也不属于图书馆学，而是工程类专业。这一类研究多从建设的角度出发，讨论不同技术在智慧建筑中的使用，开发相关的智慧设备以及规划新的空间，从而优化包括图书馆在内的各建筑体的功能。例如高庆殿等从线路布局、设备配置等方面讨论了图书馆建筑智慧化；毛翊聪等对图书馆提出了复合型的功能空间设计以适应"阅读推广+"的服务模式；郭梦姮从建筑心理学的角度探讨了图书馆的设计。虽然此类研究没有从图书馆学角度进行直接分析，但为探究智慧图书馆提供了丰富的实证案例和有别于图书馆学的研究思维。

第三节　智慧图书馆的主要功能

信息技术发达的时代中的智慧图书馆不仅能够提供以往所有类型图书馆的服务，还能够为整个社会提供更加全面的服务。呈现快速发展趋势的智慧图书馆主要有三个方向的功能。

一、整合信息资源，便于读者使用

智慧图书馆是依托先进的云计算、人工智能和互联技术等构建的服务平台，以往零散的信息资源能够通过先进的智能技术被高效地整合起来，便于读者的搜索和利用，也可以更加便捷地对所需信息进行处理和存储；在智慧图书馆中实现信息整合之后还能够不断地对信息进行关联和维护，从而保障信息资源的不断创新，实现更加立体的信息资源管理。

二、精确定位侦测，掌握读者需求

智慧图书馆在建设过程中配备射频识别技术、红外感应技术、全球定位系统等技术手段，能够对图书馆中的图书和设施等进行精准定位，并对图书馆中的读者行为进行侦测，不仅保障了图书馆内物品设施的安全，而且能充分掌握读者的需求，对读者进行更加精准的导读和其他服务。红外感应技术和全球定位系统能够对馆内的人员、图书、设施等进行准确定位和监控。这些技术手段的应用可以最大限度地减少图书馆内物品丢失、损毁的情况。在智慧图书馆内应用射频识别技术还可以对读者进行精准的行为侦测，通过手持移动设备接收馆内无线射频设备传输的信号，结合行为侦测可以得知读者的阅读偏好，掌握读者需求，从而实现针对每个读者的个性化导读，便于智慧图书馆为读者提供更加全面的服务。

三、以人为本发展，满足读者需求

智慧图书馆依托先进的信息技术发展，在当前社会的物联网环境中能够突破以往传统图书馆的限制，为读者提供更加丰富的资源的同时提供更多个性化服务和个人化服务，充分实现以人为本的发展观念。智慧图书馆的丰富资源和智能服务能够针对读者的个性化需求提供服务，在自主互动的过程中达到全方位、立体式服务的目标。在以人为本的发展观念中，智慧图书馆能够为读者展现更多的选择，全面满足读者需求。

　　智慧图书馆提供的个性化服务通常包含信息定制、信息定向推动等类型。信息定制服务是在享受传统的基础服务前提下，结合个人需求进行个性化的信息定制，读者可以通过定制获得更加满足自身需求的信息；信息定向推送是在读者输入一次信息之后就能定时收到定向的信息推送。个性化服务的发展能够有效加强智慧图书馆的服务功能，满足读者需求，实现以人为本的可持续发展。

　　人性化服务是指读者在智慧图书馆中能够拥有多种服务方式选择的权利。读者可以选择接受人工服务或者自助服务，还可以灵活进行邮件或者手机信息等服务形式的选择。这些丰富的服务形式能够在不同时间、不同情况下方便读者的使用，比如24小时的图书自助借还系统便于读者随时借还图书，免于排队且不受时间影响；RSS订阅、邮件信息订阅等服务可以为读者定时定期提供信息资源，方便读者的信息资源收集，为读者的学习和工作提供便捷的服务。

第二章

智慧图书馆的特征与优势

第一节 智慧图书馆的基本特征

依托物联网建设的智慧图书馆具备许多先进的技术发展特征，主要表现为广泛存在性、互联性和共享性，与以往所有类型的图书馆区别开来，在发展过程中呈现出简便有效、自主互动、节能环保的亮点。

一、广泛存在性

1.泛在网络环境

在社会经济快速发展和信息技术广泛应用的环境中，网络技术在人们生活中无处不在，对社会中的信息资源和交流沟通都产生了巨大影响。通过网络开展的信息交流具有传播速度快、传播范围广的特点，为人们的工作提供了许多便利，但是也会在一定程度上受到网络速度、信息不对称等因素的影响，无法实现最好的传播效果。在信息技术快速发展的背景下，物联网的形成促进了网络相关设施的广泛建设，从而推动了泛在网络环境的形成。泛在网络环境具备更好的包容性和共享性，能够推动信息传播的效率。泛在网络环境的完善依靠移动通信、无线射频等技术，这样的环境能够进一步推进物联网的成熟和发展。

泛在网络环境使智慧图书馆的重要性进一步加强。信息的传播速度和广泛性不断提升，与此同时，信息量和信息带来的影响也在不断扩大，从而增加了人们从网络环境中获得所需信息的难度。智慧图书馆在泛在网络环境中能够通过物联网技术和射频识别技术将人、资源和工具紧密联系起来，实现信息资源的互相联动，推动用户间的交流。泛在网络环境推动智慧图书馆的管理逐渐走向前端，使管理工作更加直观地呈现在用户面前，加强用户的互动感和使用体验，逐步实现真正的智慧管理，有助于用户在图书馆中更加高效地获取所需信息。

2. 泛在知识环境

泛在网络环境中人、数据、信息、工具等因素的关联推动了泛在知识环境的形成。泛在知识环境结合了广泛的信息资源和技术基础，能够充分发挥共享网络的包容性和共享性优势。泛在知识环境不再受到传统信息交流模式的影响，将网络信息环境中的重要元素结合起来，形成了密度更高、更加高效的信息互联系统。

在泛在知识环境中，智慧图书馆能够利用先进的技术支持强化整合资源、搜索信息的能力，结合不断增强的馆员能力和智能设施为读者提供基础学科服务，从而适应不断发展的泛在知识环境需求。为了完善这样的智慧图书馆服务环境，馆员需要加强自身素质，深入掌握图书馆内的信息资源类型和内容，了解学科知识与信息资源之间的关联，在掌握读者需要的前提下实现更好的信息资源服务。泛在知识环境还会随着社会发展和人们的需求而不断变化，智慧图书馆的服务能够强化泛在知识环境的发展，泛在知识环境也起到推动智慧图书馆高效服务的作用。

3. 泛在学习环境

泛在网络环境与泛在知识环境共同促成了泛在学习环境的形成，为学习提供了更加完善的智能设施和丰富资源。泛在学习环境是指人能够在任何环境中进行持续的主动学习，不受时间和空间的限制。

与传统图书馆相比，智慧图书馆为人们提供了更好的学习环境和更广泛的学习资源，在泛在学习环境中起到重要的作用。智慧图书馆丰富的形式和资源能够从不同角度为人们的学习提供帮助。24小时读书室为人们提供了更好的学习环境，且突破了时间限制，学习的持续性得以保证。智慧图书馆中普遍采用读者行为分析系统分析读者的阅读兴趣，能够实现更好的个性化信息定制和信息推送服务。咨询导航服务是智慧图书馆为读者提供的可以随时解答咨询问题的工具。智慧图书馆能够将泛在学习环境中学习空间和学习资源有机结合起来，达到强化智慧服务和智慧管理的目的。

二、互联性

1. 立体互联

网络技术的快速发展和物联网的形成促使网络逐渐实现立体互联，在网络覆盖范围扩大的前提下实现广泛互联的转变。社会的方方面面都通过立体的网络实现互联，在广泛的网络立体互联中将人与人、物与物

25

联系起来，强化交流和服务能力。

智慧图书馆在泛在网络环境中结合立体互联的网络结构逐渐加强相互关联，通过空间互联、业务互联、资源互联等形式进一步强化智慧服务和智慧管理。例如，智慧图书馆内的空间互联系统可以对馆内的人员、设施等实现统一的监控和管理；智慧图书馆的安全管理系统可以将馆内的水、电、火等可能存在安全隐患的方面关联起来，实现互联的管理；智慧图书馆也可以加强智能座位预约系统的建设，让读者能够便捷地进行座位预约，保障读者的学习效率，将馆内空间资源充分利用起来。

智慧图书馆借助先进的技术和智能化管理逐步实现立体互联的发展特征。立体互联主要表现为全天开放、知识共享和便捷使用几个方面。

第一，全天开放的特征便于读者随时在图书馆中查找、保存自己所需的信息资源，突破时间限制进行知识汲取。

第二，智慧图书馆依托于先进的技术，能够实现最大限度的知识共享，整合丰富信息资源，并在信息技术的帮助下实现最大限度的分享，这样的模式能够推动智慧图书馆的效益提升。

第三，便捷实用是在智慧图书馆惠民的核心理念指导下呈现的特征，全面高效的智能化管理能够帮助读者快捷地找到所需的资源并进行保存和利用。智慧图书馆立体互联的特征充分展现了全面智能管理的作用。

由此可见，智慧图书馆全面实现立体互联依靠的是数字网络技术、无线和有线数字通信技术整合与智能感知等技术的结合。这些技术的结合能够整合图书馆、信息提供方、图书管理员以及读者的关系，随时随地进行信息的感知、获取、存储和传递等活动，并在智能化技术的辅助下整合信息资源，帮助图书管理员和读者更好地利用信息，有利于读者快速找到解决实际问题的方法，促进读者的学习、生活和工作在智慧图书馆的帮助下实现和谐发展。当前智慧图书馆呈现的立体互联特征能够构建读者与管理员之间的联系，突破以往使用信息资源的时间和空间限制，进一步深化知识共享。

2. 全面感知

加强智慧服务和智慧管理的重要环节之一是加强情境感知服务。全面实现情境感知服务能够将读者需求和馆内资源充分结合起来，通过先进信息技术的应用满足读者需求。

为了给读者提供更加精准的服务，智慧图书馆借助物联网技术，利用先进的设备，将馆内的资源、检索、借阅和管理等各方面的系统融合起来，对各个系统进行进一步的协调，充分发挥各个系统的作用。智慧图书馆将各个馆内系统有机结合的方式能够推动全面感知功能的实现，全面掌握读者的阅读需求，结合静态数据和行为侦测结果，了解读者的偏好，在服务中满足读者需要。全面感知的智慧服务不仅体现在对读者的阅读引导上，也体现在馆内各个方面的功能上，例如馆内的环境监测系统可以感知馆内各个区域的温度、湿度、空气质量等，及时进行调整，为读者营造良好的阅读环境，让读者体会到更好的智慧服务。全面感知的智慧管理能够有效加强智慧图书馆服务的精准性，为图书馆的整体发展提供更好的支持。

另外，智慧图书馆的建设依靠智能服务和先进的网络技术，实现全面感知和全方位的知识共享，为读者提供更加丰富、高效的服务。智慧图书馆能够借助信息化和智能化手段将原有的信息资源整合起来，并与互联网中的信息资源相结合，以此构建完整的数据库。智慧图书馆中的管理员、前台服务人员和读者能够通过网络联系起来，读者可以利用智能化的数字网络进行信息资源的查询、使用和保存，图书管理员和前台服务人员能够更好地向读者提供立体化服务。完善的服务体系能够推动知识共享的实现，促进智慧图书馆的高效和便捷管理，帮助读者尽快解决自己在使用智慧图书馆过程中遇到的问题，节约读者的时间以及管理人员的精力。

三、共享性

1. 系统整合

智慧图书馆的目标是为读者提供更加全面的智慧型服务，在物联网基础上将整体系统整合起来，以整合集群的方式进行管理，加强智慧图书馆的服务。智慧图书馆是结合了云计算、人工智能、互联技术等多种技术的服务形式，能够存储更大的资源量，拥有更大的业务范围，也具备更加复杂的系统和运行模式，因此需要更加统一的集成工作模式。在智慧图书馆中将资源和业务以及读者之间的联系整合起来，结合智慧服务平台构成全方位的管理和交流系统，能够利用整合集群的管理形式简化管理操作模式，加大监督管理程度，促进整个智慧图书馆资源的整合，为读者提供更加完善的服务。

2. 共享协同

共享协同是指共同享有某个资源的个人或者集体以资源为核心联

系起来，充分利用资源进行交流合作，从而实现共同发展的模式。在信息技术快速发展的现代社会中，随着物联网的形成，人们逐渐对信息资源建立起新的认识，只有将拥有的信息资源应用在发展环境中才能让资源发挥最大的作用，并且在交流协作中取得更好的效能，实现真正的价值。共享协同模式是在社会发展和人们的认知逐渐提高的过程中产生的，能够推动整个社会实现共同发展。

图书馆资源就是具有共享性特征的社会资源，能够将社会中的力量联系起来，以文化传播为基础促进共同发展。以信息技术为依托构建的智慧图书馆能够整合更多的信息资源。便捷的交流方式和先进的资源储存方式对于共享协同模式的发展可以起到更好的协助作用。在物联网环境中，各个部门之间可以实现高效的资源共享和协同合作。

智慧图书馆中的资源共享和协同合作主要通过两种方式实现，线下的共享协同主要是图书馆内和馆与馆之间的信息资源以及实体服务等方面的交流合作；线上则是通过数据库、智慧服务平台、移动应用软件等数字形式进行共享和交流，打破时间和空间的限制，实现更大范围内的共享协同，加强智慧服务和智慧管理的成效。

3. 共享可持续

随着社会经济发展和资源开发的变化，全球各行业全面重视环境保护和可持续发展。智慧图书馆在不断发展的社会环境中产生新的服务形式，在建设智慧图书馆时要结合社会发展需求和趋势，在绿色环保、节能和低碳等理念的指导下进行设计，构建智慧图书馆的智慧环境，实现可持续发展。

智慧图书馆的内部环境可以在物联网的辅助下实现智慧化管理，

图书馆内的自动调节系统能够根据传感技术的感知结果随时调整馆内的环境，结合馆内人数、空位数量、水质量、空气质量和噪声情况等自主创设适宜环境，在低能高效的技术支持下实现馆内智慧环境的可持续发展。智慧图书馆还需要在馆内资源的收集整理和展示方面遵循可持续发展理念，在绿色低碳理念指导下尽可能减少纸张的使用，利用数字化和电子化的形式为读者提供信息资源，这样既能减少能耗，也能更好地实现资源知识共享。智慧图书馆不仅在环境和资源提供等实际方面履行可持续发展观念，也在馆内日常工作过程中大力宣传环保理念，以图书馆的实际工作为榜样，激发馆内读者的环保意识。在可持续发展理念下建设的智慧图书馆大多使用环保材料和节能减耗的技术。智慧图书馆不仅在硬件建设中秉承环保观念，在软件建设时也根据可持续发展理念进行设计，利用射频识别电子标签技术将馆内设备、建筑、资源、读者和工作人员全面联系起来，实现人力物力的优化配置，在此过程中借助自动识别、程序化控制、综合化管理提升资源分配和管理的效率，在降低建设成本的同时实现绿色环保可持续发展。此外，智慧图书馆还可以结合馆内的监测和自动化分析系统减少馆内的安全隐患。

第二节　智慧图书馆的发展优势

一、智慧图书馆发展的动力

1. 新兴技术的推动

多种多样的新兴技术随着第三次科技革命不断涌现，社会生活中的生产力和经济发展水平在技术发展支持下不断提升，对于人类社会发展具有重大意义的原子能技术、空间技术和计算机技术等新兴技术逐渐获得广泛重视。随着社会发展，计算机技术和网络技术等信息技术也实现了不断的快速发展，信息技术的发展和广泛应用帮助人们的社会生活逐步突破时间和空间的限制，促进经济全球化和国际交流的不断扩大。21世纪之后，技术得到更加长远的发展，人工智能、物联网、虚拟现实和云计算等新兴技术成为推动人类社会发展的重要力量，深化人们对科学技术的理解和重视。图书馆在这样的技术发展环境中也不断受到冲击，只有随着社会技术发展而进化才能适应社会需求，实现可持续发展。图书馆需要不断适应社会需求，及时转变自身发展理念，创新工作和服务方式，适应人们的需要，在不断发展的社会中跟随时代发展步伐，避免被淘汰，并不断强化自身的价值。图书馆在新兴技术的推动下也不断发生的变化，从传统图书馆、数字图书馆、移动图书馆，再到当前引起广泛重视的智慧图书馆，新兴技术的辅助为图书馆的不断发展进化奠定了坚实的基础，推动图书馆不断实现从纸质到无纸化、线下到线上的发展和转变。无人化和自动化技术在社会生活中的广泛应用创新了图书馆的发展方向，为智慧图书馆理念的形成提供了理论支持。

2. 图书馆学理论支持

图书馆学（Library Science）是研究图书馆的形成发展、组织管理以及工作规律的科学，研究目标是在总结图书馆事业的实践经验基础上构建科学的图书馆学理论体系，为图书馆事业的发展提供理论支持，并增强图书馆在社会中的意义。图书馆学的发展过程中对图书馆的工作方法、人员管理、事业建设和本质特征等各方面进行深入研究，将研究结果应用在图书馆建设的实践中，以此加强图书馆的发展，为图书馆的进化和转变提供动力。图书馆学在新兴技术的支持下也得到了新的发展方向和研究思维。在当前的社会发展过程中，图书馆学也需要不断加强与科学技术的融合，在与其他学科融合的基础上深化理论研究。图书馆学与新兴技术的结合推动了智慧图书馆的形成，也是时代特征与图书馆学自身理论融合的必然结果，智慧图书馆能够在图书馆学理论和信息技术的指导下不断地发展进步，进一步向高层次和高水平的方向发展。

3. 精神文化需求

我国社会经济随着生产力的提升不断发展，人们的生活水平也随之不断提升。在这样的发展环境中，人们的精神文明需求也不断提高，我国的主要社会矛盾已经转变为人们不断增长的生活需求和不平衡、不充分的文化发展之间的矛盾。社会精神文明需求的提升对图书馆的发展提出了新的要求，带来了新的挑战，传统的图书馆已经不能满足人们日益增长的文化需求，以往只能提供简单的读书看报服务、自学空间的图书馆需要再次创新发展，满足人们答疑解惑、学习数字技术、获取高新科技信息等需求。不同人群的不同需要是智慧图书馆需要解决的问题，例如高校的师生需要在图书馆中查阅科研信息和高新科技相关资源；儿童需要在兴趣引导下进行课外知识的学习；老年人需要图书馆为他们提供日常信息和一些新技术的咨询等。智慧图书馆的智能化管理和资源共享功能能够实现针对性的服务，可以在与时俱进的发展过程中履行推动社会发展的职责，在不断自我变革的基础上最大限度地推动社会发展。智慧图书馆需要在新兴技术和图书馆学理论的支持下不断适应社会发展需求，为社会中更多人群提供知识教育，进而促使图书馆在社会生活中真正发挥自身价值，提高社会对图书馆的重视程度，为社会经济持续发展提供动力。

二、智慧图书馆发展的具体优势

1. 简捷高效

智慧图书馆的发展使图书馆的服务呈现出简捷高效的特征，逐渐实现节省人力、提升效率的目标，推动智慧服务和智慧管理目标的真正实现。智慧图书馆的建设依靠不断发展的先进智能技术，能够更加快速、便捷地处理馆内各种事务，为信息资源的整合和利用提供更好的技术支持。例如图书馆服务过程中十分重要的导览工作，以往的传统图书馆主要依靠人工来完成，智慧图书馆的建设中融入了先进的定位技术，读者能够更快、更直观地了解图书馆的构造和分布，这可以极大地方便图书馆的导览工作。再例如盘点藏书的工作，随着智慧图书馆中信息资源量的扩大，盘点工作也面临着更大的挑战，如果仍旧依靠人工来完成，可能由于工作量过大出现错漏的问题。在信息技术的支持下，智慧图书馆可以利用机器人或者盘点数字系统来进行盘点工作，对机器人或者盘点系统进行精准的运算编程，工作人员及时检查，保障数据和盘点程序的准确，这样的盘点工作方式能够极大地减轻人工压力，同时提高工作效率。

2. 自主互动

智慧图书馆的特征不仅体现在信息资源量的扩大上，还体现在以人为本的服务宗旨上，为读者提供人性化服务和个性化服务，加强与读者之间的自主互动，实现更好的智慧服务。智慧图书馆中应用了丰富多样的先进智能技术，为读者提供了多种互动渠道。读者可以通过这些技术和渠道进行更加便捷自主的图书选取、座位预约、意见反馈等活动。互动渠道的拓展以及行为侦测技术的广泛应用能够让馆员掌握读者需求，根据读者需求进行馆内藏书资源的补充和更新，为读者提供更加精准的服务，节省读者时间的同时提升图书馆管理效率。智慧图书馆也可以定期开展推广阅读的交流互动活动，在活动设计的过程中，通过智慧服务平台了解读者的需求和建议，例如读者宣传活动的主题和参与方式，在与读者良好互动的前提下，利用讲座、展览等形式的推广活动，为读者提供更加适宜的阅读、交流场所，落实全民阅读的目标。

3. 节能环保

在当前快速发展的社会环境中，环境保护和节能减排是重要的发展方向，智慧图书馆的建设和发展也遵循节能环保和可持续发展的原则，目标是为读者提供更加全面的智慧服务，同时实现可持续发展。为了实现智慧图书馆的节能环保，馆员和场馆设计者需要首先付诸实践，以自身行动带动读者理念的转变，利用相关智能设备加强图书馆绿色环保环境的建设。

首先，当前智慧图书馆的建筑设计遵循节能环保的理念，在条件允许的情况下避免多层式的设计，这样能够减少电梯运行的能源成本和时间成本。

其次，在图书馆中大量摆放绿植，不仅能美化馆内环境，还能利用植物的光合作用等，在一定程度上改善馆内的空气质量。

最后，智慧图书馆在建设中采用智能气温控制检测系统，通过整体的智能控制，减少反复开关的能耗。

另外，随着信息技术的发展，智慧图书馆的大量资源以数字和电子设备的形式存储，减少了纸张的使用。这些智慧图书馆的发展模式，促进了节能环保工作，推动了可持续发展。

第三节　智慧图书馆建设遵循的原则

一、标准化和规范化原则

在新的历史发展阶段，不管是馆藏信息数据的收集、处理，还是信息数据的发布和使用，都是建立在互联网技术之上的。在图书馆的建设方面，互联网在很多方面都可以发挥积极的作用。在实践中，如果想要完成大型图书馆业务系统的建造，或者是建造一个世界性的共享数据库，非常关键的一点是，要拥有一个统一的建造标准和建筑模型。具备了这一关键条件，大型智能图书馆的建设成功率将会大大提升。规范、协议和相应的机器，数字图书系统架设，技术后台架设和数据化等服务系统开发过程等，都是非常重要的工作内容，在智能馆藏系统与其他不同架构之间的智能化关联中发挥着重要作用。换句话说，未来智能馆藏的建设、对广大读者提供的服务都需要有统一的要求和标准，只有提升图书馆的规范化发展，才能为更长远的发展奠定良好的基础。

二、开放性和集成性的原则

在不远的未来，智能馆藏系统将真正落实到位，为广大读者提供优质的、智能化的、高效的服务。同时，广大读者可以与图书馆进行实时的互动和交流，也可以积极参与到图书馆的日常管理和志愿服务的队伍当中，为图书馆的正常运转贡献自己的力量。在互联网时代里，不管是数据的产生、处理，还是数据的传递、检索，都展现出了快捷、便利的特点。数据的生产和发布除了需要图书馆的工作人员积极参与，广大的读者群体也可以成为重要的信息生产源，不断地提升数据的传递速度和效率，智慧图书馆与广大读者之间的交流和互动将更加方便和快捷。智慧图书馆可以为广大读者提供多样化的服务，例如，网络终端互动、在线分享传递、在线信息导航、电话预约、图书采集等，大大降低了图书馆的准入门槛。读者和图书馆的工作人员可以自由互动，相互之间加强协作。在智慧图书馆的日常工作中，广大读者可以积极参与其中，与图书馆的馆员共同投身于图书馆的建设当中。在实践中，智慧图书馆的建设是建立在云计算技术、大数据技术以及物联网技术基础之上的。为了实现不同图书馆之间的文献互联互通，实现各系统之间的连通、各部门之间的数据连通、不同媒体之间的数据集成和认知服务。集群管理，即将数据与信息的汇总进行快速的转化，实现远距离的传播，达到密集地展示、快速地接入。借助于大型的集成平台，各种信息可以实现从点到线再到面的大范围扩大，从而达到线路交换，区块连接以及不同区域之间的交流，真正实现智能化发展。在新时期里，图书馆的管理和服务要想实现质的飞跃，一定不能离开物联网智能技术的强大支撑。

三、共建性和共享性原则

建设全国性的智能馆藏系统是一项耗费巨大的工程，单纯依靠图书馆的力量在较短时间内是无法实现的。而多个智慧馆之间的数据馆藏共建共享，不仅可以凸显出图书馆工作人员的集体力量、资源力量，同时也可以快速实现对馆藏资源的进一步丰富，最大化满足读者的实际需求。在整个系统当中，智慧馆属于最小的单位，要想在短期内实现泛在化、智能化的建设，是需要一个互帮互助的互联系统进行支撑的。在互联共建的过程中，将自己的馆藏资源贡献出来的同时，也可以获得其他馆里的智慧信息资源。要想实现数据资源的互联共建，智慧馆之间可以相互合作。例如在中国高等教育文献保障系统中，一方面，某些地区的图书馆结成联合体，馆藏、数据库等以合作的方式购买，在书商或者服务提供商那里以低价购得，不仅大幅度缩减了成本，而且增加了书籍的使用率。另一方面，智慧馆之间可以实现资源共享、技术共享等，在建设数字化图书馆的过程中，不仅有效地避免了资源的重复购买，减少了资金成本的投入，而且可以拥有大量的服务资源，推动智能化图书馆的建设速度。

第四节　智慧图书馆建设的主要内容

　　智慧图书馆主要由资源、技术、服务、空间、馆员和读者等几个方面构成。这些方面共同构建了智慧图书馆的服务体系，促使智慧图书馆真正实现自身功能，推动图书馆实现智慧化管理。

　　资源是构建智慧图书馆的基础元素，将图书馆内外、线上线下的资源联合起来，实现多元互联和立体互联；技术则是智慧图书馆建设的基础智能因素，多种智能技术的整合和完善为智慧图书馆的建设和发展提供了不竭的动力，推动图书馆的可持续发展；服务在智慧图书馆的运行和管理中随处可见，是图书馆专业和人文情怀的集中体现，提升图书馆的读者体验和运行效率；空间指的是智慧图书馆能够突破传统图书馆的资源空间限制，使用多样的智能化和电子化手段实现资源的存储和展示，最大限度地实现资源共享。

　　智慧图书馆借助资源、技术、服务和空间这些元素构建智能化的服务体系，图书馆员在其中进一步融入智慧服务理念和智慧管理方式，全面促进图书馆内所有空间和资源对读者的知识共享。图书馆员是智慧图书馆顺利运行的重要环节，不仅能够在馆内利用智慧系统为读者提供高效的服务，还可以借助互联网联通整个社会共享资源，这个过程中既能为社会提供信息资源辅助，也可以得到社会的帮助，实现智慧图书馆自身的不断发展。

智慧图书馆的应用构架可以分为感知识别、数据传输、网络分析和应用服务四个主要环节。

一、电子读者证

众所周知，读者进出图书馆都需要出示一定的身份证件。在信息化时代里，读者也需要拥有一张电子读者证。电子读者证就相当于读者的身份证件，其中集合了读者的身份信息、教育信息、门禁、消费、借阅记录等多项功能。读者利用自己的电子读者证扫描图书馆的读卡设备，就可以便捷地将其相关行为存储在后台当中，例如，进入图书馆的时间、离开图书馆的时间、进馆的次数、借阅图书的详细记录、借还图书的期限等。这就相当于为每一位读者都构建了一个信息数据库，可以方便馆员开展信息管理或者是对读者行为进行客观、全面的分析等。对于新注册的读者来说，他们进入图书馆以后，需要首先在服务台或者自己的手机上进行身份验证，从而成功建立起属于自己的读者证号码或者是读者二维码。电子读者证属于虚拟的电子证书，可以节省制作实物读者卡的成本，同时也有效避免了读者由于丢失读者证而造成的一系列问题。另外，注册电子读者证的方式，不仅简化了读者的操作流程，而且节省了大量的纸质资源。读者在图书馆的官网上进行电子读者证的申领，只需要进行简单的个人基本信息填写，等待图书馆的管理人员在后台审核无误后就可以申请通过。电子读者证完整的个人注册信息就可以快速发送到读者的手中，日后读者就可以凭着电子读者证出入图书馆了。这样的办理过程，不仅操作起来较为简单，而且大大节省了读者等待的时间。当前，这种电子读者证可以加强与微信、支付宝企业的合作，实现有效绑定，借助微信和支付宝的支付功能，帮助读者进行实时缴费。例如，浙江图书馆就与支付宝企业进行合作，在支付宝软件的卡包一栏中可以快速找到电子读者证。

二、自助借还系统

客观来讲，图书馆里的自助借还系统是建立在条形码或者射频识别技术之上的，同时也得到了网络传输技术和软件工程技术的大力支持。这些技术共同推动了图书馆自动借还系统的构建。在当前的图书馆自助借还系统中，主要包括以下两种类型：条形码识别和射频识别。

条形码识别方式，最大的优点是可以使用低价格的标签，抗外界干扰能力较强。在图书馆的图书管理工作中，条形码识别简单、方便、快捷。射频识别方式虽然也有一定的优势，但是其自身存在的问题也不能忽视，例如投入的成本较高，升级困难等。从近几年的发展来看，尽管射频识别的标签成本呈现不断下降的趋势，但是图书馆馆藏图书数量较大，综合起来考量，图书馆也需要投入不小的成本，同时，更换条码也需要消耗大量的人工劳动。

自助借还系统的应用需要具备的硬件包括电脑终端、读卡设备、条码扫描设备、标签读写设备、书籍监控器等。该系统主要包括自助借还系统软件、自助借还机管理系统、自助设备界面等。在读者进行图书借阅时，系统会首先读取读者证的相关信息，准确判断该读者是否具有借阅权限，例如，是否存在逾期未还图书，是否存在滞纳金等情况，然后系统会提示读者将准备借阅的图书放置在指定的位置上进行条形码的扫描。

在现有的发展水平下，射频识别技术不断升级和完善，使得图书馆自助借还系统的功能不断地完善。例如，增添了摄像头监督设备，书籍破损、乱涂的即时检测设备等，在后台记录读者的行为是否合法；自助借还系统在排队高峰时间段会适当地设定借还时间，尽量减少读者等待的时间，将人性化服务落到了实处。依托物联网技术、射频识别技术，实现对图书馆书籍的自助管理，不仅提高了图书管理的工作效率和服务质量，而且大大降低了图书管理人员的工作强度，使得他们的管理工作更具价值。21世纪初，新加坡图书馆最先建立起国际上首家智慧图书馆，主要运用的正是射频识别技术。2005年末，东莞市图书馆也开始探索使用自助借还系统。随后，全国各大图书馆纷纷效仿，尝试开发图书馆的自助借还系统。这标志着我国的图书馆朝着智慧图书馆的发展迈出了坚实的一步。

三、智能书架系统

客观来讲，自助借还系统应用的重要目的是为读者提供方便，降低图书馆管理人员的工作量。而智能书架系统的实践应用，主要有助于完成图书馆的图书管理工作。从当前的社会发展来看，智能书架系统的应用主要依赖的是射频识别技术，要想得到大面积的推广和普及应用，还需要做出长时间的积极努力。

在传统的图书馆图书管理工作中，图书管理人员需要利用条形码扫描设备对每一本图书进行一次扫描，同时也需要借助于他们的工作经验对书籍进行适当的分类和存储。这样的管理方法不仅耗时较长，而且工作量非常大。依据射频识别技术的空间定位功能，使用射频识别技术的库存系统，不仅可以快速地找到不在书架或者在杂乱书架上的书籍，而且可以快速定位书架的位置，从而有效地帮助图书管理人员解决书架书籍摆放混乱的问题。实践中，同时对多本书进行扫描，不仅可以节省大量的时间，同时也可以有效加快图书搜索的效率。具体来讲，就是在每一个书架和每一本藏书上配上射频识别码，使用配套的读写设备进行扫码，就可以快速获取馆藏图书的相关信息。智能书架系统利用射频识别阅读设备就可以精准定位书架的位置和书籍的位置。借助于该系统，读者或者图书管理人员会及时发现所需要的书籍是否已经被借出。智能书架在整个智慧图书馆系统中的最大效用，就是帮助读者和图书管理人员精准定位书籍的位置并快速找到图书。因此，在这个智能书架系统的设计过程中，可以将整个系统划分为三个主要的模块，即信息采集模块、数据服务模块、读者服务模块。

1. 数据采集模块

在该模块的硬件架构上，主要借助于UHF标签（UHF是超高频的意思，UHF标签是射频识别电子标签中的一种）和阅读器来支撑。在每本书上都带有一定的射频码，扫描该码就可以清楚地掌握该书的基本信息和初始书架位置。每个书架都包含有多个天线阵列，书架上的天线阵列可以借助于多个标签进行定位。天线多路复用器通过后台开关来控制端口，进而实现监视和控制天线及射频读写设备的连接状态，从而使得读写设备能够精准地扫描书籍的射频码。

2. 数据服务模块

这个模块是智能书架系统的数据库。通过射频读写设备读取的信息会经过内部的传输系统或者数据线传输到数据库。从这里可以精准地了解到书籍的基本信息、书架的基本信息以及书籍存放的信息等。数据服务器要对这些信息进行及时的处理，同时也会对这些数据进行更深层次的二次挖掘。

3. 用户服务模块

用户服务部分主要是以后天管理系统的查询界面呈现出来，其主要的作用是向读写器发送控制指令，并真正地掌控着天线的辐射区。

将射频识别技术的智能书架系统广泛应用在图书馆的图书管理工作当中，不仅可以为广大读者提供更加便捷和人性化的服务，而且可以有效减少馆员的图书管理工作量，降低馆员的劳动强度，提升图书馆的智能化管理水平。

四、基于大数据的用户行为分析

这里所说的用户行为分析，主要是针对读者的检索信息、借阅图书信息、下载文献资料信息等行为进行的客观分析。通过这种分析的方式，可以精准地掌握读者的实际需求，为图书馆进行馆藏资料的优化配置、服务的优化升级、个性化服务的优化提供科学的参考，借此进一步提升广大读者对图书馆管理的满意度和认可度。要打造智慧的图书馆，这里的"智慧"要以每位读者的感受和理解为依据，尤其是智能化的知识信息服务。在智慧馆的现实读者中，不仅包含到图书馆进行访问和学习的人，而且包含一部分不能在现实中到达图书馆的读者。图书馆借助大数据技术，对拥有的读者数据进行分析，深入挖掘和分析读者的访问量、离开量、借阅量、下载量等。通过这些数据，图书馆的工作人员真正地掌握读者的借阅习惯、喜好、所属的学科范围、课题研究等信息。

作为一种有效的情报提供手段，智慧图书馆可以主动发布个性化的图书信息、学科导航信息、图书到馆信息等，让不同的读者可以及时、准确地掌握图书馆的相关信息。用大数据对读者的行为进行深入研究时要注重连贯性，保持正确的、科学的研究方向，这是智慧图书馆提供优质服务的重中之重。

例如，上海交通大学图书馆非常注重对毕业生个人信息的挖掘和分析，他们针对每一位学生，整合他们大学期间所有的借阅信息，毕业生在感动之余也留下了美好的回忆。在利用大数据技术对学生的借阅信息进行分析的时候，图书馆也对学校各系统的数据进行科学整合，例如每个学生的借阅书籍的数量、进馆次数、到馆时间、下载数据等，为毕业生的毕业就业咨询提供了一定的参考，不仅让毕业生对学校产生了深厚的感情，而且助力了毕业生的更好发展。

五、基于大数据的资源数据分析

图书馆里储存着大量的数据资源，有纸质资料、专利信息、科学数据等大数据信息。科研人员利用这些数据信息可以找到研究的热点，有效预测和分析科学发展趋势，进行主题评估等，同时也能够为科研人员提供参考的依据。

通过分析馆内业务信息，包括访谈、咨询、文件传递、信息搜索、数字资源采购信息、多种管理信息等，了解图书馆内的资源分配情况，并有针对性地进行信息发布，丰富服务内容，确定优先事项和将来发展的计划，优化服务流程，为智慧馆开发决策和规划提供有效的数据支撑。

在当今的大数据时代，信息的爆炸式增长使得很多学科都发生了很大的变化，使得优质信息资源的收集、分析以及整合越来越重要。在图书馆的发展中，对每一位读者的行为进行数据分析，可以准确地掌握不同读者的实际需求，从而有利于智慧图书馆为广大读者提供有针对性的、个性化的服务和资源信息的推送。

在知识网络的构建中，要坚持以学者为核心。经过数据分析、收集和大量文献资料的整理，在读者进行目标信息检索的时候，能够快速而全面地获取以此关键词为中心的相关信息网络，包括自然信息、背景信息、科研团队简介、学术科研成果、论文、出版书目、相关作者和其他主要信息，保证读者能够享受到高质量的科学研究资源。

六、智能节能减排系统

智能节能减排系统需要得到物联网技术的支持，特别是其中的射频识别技术和红外感应技术。通过在图书馆的相应位置安装传感器固件，利用互联网技术就可以实现对图书馆内环境的实时监控。利用该系统可以获取图书馆内的环境数据和读者数据。它将收集到的数据与照明控制、温控系统、空调系统、门禁系统等进行全面整合，从而达到馆内照明、空气循环的智能调解，达到图书馆内部的节能减排效果。在图书馆的综合节能系统中，主要包括环境数据检测系统、智慧光控系统、温度调节系统、空气循环系统、数据检测系统。采用环境检测系统进行室内采集，每一个环境参数信息都反映在采集到的数据所属的子系统当中。而每一个子系统都将采集到的数据进行科学整合，将其系统预设参数进行全面对比，并进行适当的调整。通过监测中心，每一个系统都可以实现被检测和被调控，当某一环节出现了问题时，可以及时被发现并采取相应的应对措施，确保整个系统运行的稳定性和安全性。

1. 环境监测系统

环境监测系统在图书馆中应用，首先需要在馆内的适当位置安装上相应的传感模块，从而获取相应的数据信息，这样就可以对图书馆内的环境进行实时监控。具体来讲，该系统分为光感监测部分、红外线人体监测部分、温度监测部分、湿度监测部分、空气流通情况监测部分等。

通过对以上各部分的精准监测，可以实时掌握图书馆内的照明情况、温湿度情况、空气质量情况等。仪器测量每个区域的照明、人员密度、温度、湿度和有害气体浓度等，并将监测到的相关数据信息传送到服务器上的对应管理系统当中。这些参数信息会在大屏幕上显示出来，读者和管理人员能够由此知晓图书馆当前的环境信息。一旦馆内的环境信息参数变差，图书馆的管理人员就要及时采取有效防控和调节措施，预防馆内发生危险情况。

2. 智能灯控系统

在每个阅览室的每个桌子上安装刷卡来电装置，利用此装置，可以通过刷读者卡来控制阅读灯，同时也可以控制桌面上的插座供电。当读者离开桌子时，桌上的阅读灯就会自动断电，这样就可以达到节能的目的。同时，在阅览区域内可以安装可控制的智能灯，当有人经过时，安装的红外线感应器就会感应得到，随之通过控制器将此区域的灯打开。当人离开该区域后，红外线感应器无法感应得到人体的存在，该区域的灯就会受到控制而自动熄灭。

3. 智能温度、湿度控制系统

智能温控系统是借助于安装的节能控制装置来控制空调，由此达到温度控制的目的。该系统通过采集图书馆内的温度数据，并依据事先的设定标准，自动开启或者关闭温度、湿度调节模式，从而达到有效控制室内温度和湿度的效果。这样就可以长期保持室内的舒适环境。

在当今的图书馆里，常常保存着很多珍贵的纸质类文献资料，例如典藏古籍等。这些典藏古籍属于纸本类书籍，对存储环境有着较高的要求，不仅要求环境干净卫生，而且要求环境的温度和湿度要适宜，这样才能尽可能地延长古书籍储存的年限。通过该系统对古籍文献存放空间进行温度和湿度的标准值设置，从而保证古籍文献保存环境适宜。

4. 新风系统

该系统对获取的实时空气质量信息进行分析，同时与之前预设的标准值进行对比，在达到标准值时就会自动开启应急空气循环功能。在普通工作状态下，该系统也在运转，只是消耗的电能较少。而一旦发现空气中有毒气体含量较高时，预警机制就会立刻启动，快速进行室内外的空气交换，尽可能在短时间内降低空气中的有毒气体含量。

与传统的新风换气模式相比较，现代的新风系统最大的优势是以室外的空气作为气源。该系统可以有效地导出室内的多余热量，同时也能够有效降低室内的空调能耗，从而增强节能的效果。

5. 远程抄表系统

要想真正达到节能减排的效果，最关键的一点是要有精确的计量。远程抄表系统主要是由无线网络、垂直网络、分散网络组成的，其最大的功能是实现远程仪表数据的获取。首先将各种不同的仪表设备与数据收集器有机地连接起来，然后将数据收集器通过垂直网络连接到无线数据终端，同时将获取到的信息传输到每一个用户终端上。该智能系统能够迅速、高效、便捷地读取图书馆内各种电气产品的功率和消耗。在实践中，很多图书馆经常是定期读取系统中的各项数据，因为这些数据都会被自动保存下来。在该系统中还可以对获取到的信息进行全面深入的分析、存储和反馈，从而得到能耗的图表，以供管理人员参考。

6. 环保能源利用

在图书馆的发展中，也可以有意识地加强环保能源的利用，例如引进太阳能发电模块、风力发电模块，并依据图书馆所处地域的实际情况进行安装和使用。一旦发生特殊情况，图书馆的正常供电系统出现故障，就可以利用太阳能、风能存储的电量进行供电，不仅保障了图书馆的正常运转，而且有效节约了能源，达到了节能减排的效果。

七、自动安防系统

自动安防系统的本质，其实就是使用一些相关的技术，同时在传感器、探测器以及其他安全产品的帮助下，实现公共安全的目的，用于记录、监控潜在危险信号的预警技术。图书馆属于公共服务机构，馆内通常人员数量较多且流动性较强，发生危险的可能性较大。因此，在图书馆建立自动安防系统具有重要的意义。自动安防系统主要包括以下功能。

1. 自动门禁系统

目前，很多图书馆门前都会安装门禁系统，要想进入图书馆需要具备相应的通行证。而如果图书馆使用自动门禁系统，只需要通过刷卡或者刷电子读者证的二维码即可，甚至有的图书馆已经使用了人脸识别功能，只要读者的身份验证成功，就可以顺利地进入图书馆，这样可以将冒名顶替的情况降到最低，不仅保证了图书馆内部环境的安全性，而且在一定程度上对社会治安环境的维护起到了积极作用。

2. 自动火灾预警与处置

在社会发展过程中，图书馆具有一定的特殊性，不仅书籍较多，而且人员较多，是消防需要重点关注的场所。这样的特殊性，需要图书馆将防火安全问题放在第一位上。智慧图书馆的火灾预警和管理系统可以对火情进行预警。一旦发生火情,系统就会自动切断电源,启动应急喷射装置,以最快的速度控制火情,为图书馆内的人员安全和书籍安全提供有效的保护。

3. 自动突发事件预警

图书馆里通常都会安装有智能监控设备,对所在的区域进行全天候的监控,同时也配合着自动数据影像处理技术,自动识别人、物、轨迹以及环境等。对异常画面信息能够进行分析处理,并实时启动报警系统。例如,当图书馆内出现了异常的人员流动轨迹、异常的人员密度,或者火灾、地震等情况时,会自动实施报警操作。另外,该系统也会对图书馆内的水电线路进行实时监控,一旦发生异常情况,就会及时发出警报,让馆内的工作人员获得相关信息。

4. 应急疏散自动化

当地震、火灾等重大突发情况发生时,图书馆的应急疏散模式就会及时开启,为大家提供最佳的逃生路线,避免在逃生的过程中发生踩踏等人身伤亡事故。火灾发生的时候,应急疏散系统会以广播通知、灯光闪烁等方式引导读者有序逃生。与此同时,图书馆内的消防栓供水会瞬间启动,并且对供水进行优先调配,在最短的时间内控制住火情。

八、智能座位预约系统

各大图书馆通常都设置有自习区域,读者可以在此区域进行自主的阅读和学习。在很多高校的图书馆自习室里,很多大学生都有自习占座的行为。但是这样的占座行为，一定程度上降低了图书馆资源的利用效率，使得很多有需求的学生不能够得到满足，同时也很容易引起一些矛盾和冲突。对此，很多图书馆的管理人员采取了很多管理措施，但是收效甚微，难以从根本上解决占座的问题。智能座位预定功能的应用，使得这一难题得到了有效的解决。在图书馆中设置选座机，读者通过刷读者卡进行自习室座位的选择。在实践中，选座机在使用过程中暴露出了一些弊端，例如在进馆的高峰期，学生需要排队选座，会浪费很长时间。在学生离开自习室时，还需要刷卡退出。学生在自习室的时间存在一定的限制，到时间后需要再次刷卡续时。而且，代刷卡占座现象也时有发生。选座机的使用在一定程度上解决了学生占座的问题，但是其在使用过程中的劣势也是非常明显的。

图书馆的智能座位预约系统主要有三个方面的优势：其一，红外线感应器安装在感官层上，以便准确地确定座椅的状态；其二，射频识别技术读取器模块核对座位的预约信息；其三，连接蓝牙通讯网对数据信息进行实时传输。在数据的传输过程中，数据的传输和交换主要依靠的是以太网和蓝牙技术，最终将数据信息存储在数据库当中，同时将获取的数据反馈给应用层网页选择界面和微信选择界面。

发挥红外线技术人体感应器的优势，在一定程度上可以解决图书馆占座的问题。红外线感应器对自习室进行扫描，以确定是否存在占座的情况。在实际运用中，其暴露出的缺陷是用物品遮挡在感应器前，红外线感应器就会受到干扰，从而做出错误的判断，认为座位是有人在使用的。针对这一使用缺陷，采用红外线技术人体感应器是非常有效的。红外线技术人体感应器是依据生物发出的电磁波的固定波长的红外线来进行感应工作的。将红外线技术人体感应器应用到实践当中，可以精准地判断出座位是人在使用还是用物品占座，有效规避了红外线感应器在使用上的一些不足。

大学校园里，大学生们可以选择使用校园卡或者读者卡通过图书馆的座位预定系统进行座位的预定，给学生的阅读和学习带来了极大的便利。在此过程中会应用到射频读卡设备，该设备会将读取到的学生信息通过蓝牙通信装置实现信息的传播，连接人体红外线感应系统和射频识别读卡模块，将信息及时地输送到后台的数据库当中，同时在选座位的界面能够及时获取相关信息，方便读者进行座位的选择。

在软件方面，为了实现选座系统整体服务，要在网页界面对图书馆的各个区域、各个楼层进行可视化构造，用不同的颜色将座位的不同状态进行标记。如果读者需要暂时离开自习室时，需要在手机客户端进行离开确认，也可以在电脑终端上刷卡确认离开。这一设计发挥软件的技术优势，尽可能地降低占座行为的发生。

当然，该系统保留限制预定时间的功能，包括座位预定的开始时间和结束时间，座位的持续时间等。读者使用智能座位预约系统，可以在便捷的终端上登录图书馆的账号进行操作。座位预定成功以后，预约区域访问控制模块将与图书馆管理人员进行交互监督，如果读者行程出现了临时的变化而不能及时联系到本人时，图书馆管理人员有权利在规定的时间内取消该座位的预定，并指定该座位的使用者。如果读者提前预定了图书馆自习室的座位，但是到时间没有如约利用该座位，则系统会在一定的时间后取消其座位预定，同时也会扣除该读者所持的读者证上的信用额度，并且暂时不允许该读者享受座位预定的服务。

九、馆内的智慧导航系统

在我国，政府是非常支持图书馆建设的，并且拿出大量的资金进行帮扶，有效促进了各地图书馆的快速发展。图书馆的发展不仅体现在硬件设备的完善上，而且体现在发展规模上，很多新建设的图书馆都具有较大的规模，在空间布局上也是各具特色，能够带给广大读者不同的视觉感受和体验。智慧图书馆应该为广大读者设置一个3D智能全景导航，读者可以在自己的手机上查询到自己的所在位置，依据导航可以便捷地找到自己的目的地，导航中也可以提供一些图书馆的借阅信息和方位。这样的智慧导航系统不仅比较便捷，而且可以节约读者大量的时间，增加读者对图书馆的好感度和认可度。

十、智能自助打印系统

与传统的打印机相比较，智能自助打印机具有显著的优点，例如占地较小，比较节约空间；安装比较方便，样式较为多样，可以实现分散式布置；可以远程进行监控；支付便捷；管理、维护以及服务都比较健全等。图书馆内的智能自助打印系统基本可以满足不同读者的打印需求，不仅便捷、高效，而且比较安全、便宜。从读者的角度来讲，图书馆布置一些智能自助打印机，不仅很好地满足了读者的打印需求，而且避免了读者到外面打印店打印的时间耗费和路途耗费。自助打印机上面的在线支付功能也是比较人性化的，读者只需要使用手机就可以便捷地支付，同时也免去了支付零钱和找零的麻烦，消费金额清楚明了。简单便捷的智能自助打印服务，不仅给了广大读者充分的打印自由，节省了打印交流沟通的步骤和环节，而且很好地保护了读者打印资料的私密性。

智能自助打印系统集合了硬件设备、软件系统和线上支付项目，需要得到云存储、互联网技术的大力支持，才能完成既便利又高效的自助打印服务。在未来的发展中，智能自助打印机将会融入云技术，进一步提升自助服务的便利性。届时，可以通过云输入的方式提高打印输入的效率，读者可以通过多种途径对上传的资料内容进行编辑并打印。通过云存储将文件储存到打印系统网上云盘，并绑定到读者的个人电脑终端的个人中心或者移动终端的应用程序当中，不再需要借助于硬盘进行传输，既便捷又高效。另外，读者也可以通过云共享将自己的各类云盘账号相连接，实现多渠道共享文件。同时，还可以绑定多个账号，方便多人共同使用云端的文件资料。

第三章

国内外智慧图书馆建设现状

第一节　我国智慧图书馆建设现状

一、我国的智慧图书馆

自从我国引进了智慧图书馆的理念后，各地区的公共图书馆、高校图书馆纷纷引进相关技术，将自身朝着智慧图书馆的发展模式进行建设。如2008年，深圳图书馆通过自主研发，推出了"城市街区24小时自助图书馆系统"，实现了基于同一管理平台下的全城各馆之间的相互联结。2011年末，厦门大学图书馆创造性地开通了自动选座的个性化读者服务系统，实现了在校读者与图书馆基础设施之间的互联互通。

我国很多图书馆都在尝试智慧图书馆的建设，其中，公共图书馆有国家图书馆、上海图书馆、深圳图书馆等，高校图书馆有重庆大学图书馆、北京邮电大学图书馆、上海交通大学图书馆、武汉大学图书馆、延边大学图书馆等。

新时期智慧图书馆建设研究

1. 国家图书馆

2012年3月12日，首都图书馆联盟正式成立，并推出十项惠民举措。今后有望实现只凭一张读者卡，就能在北京市60家图书馆通借通还的服务。不仅如此，市民还有望实时收看其他图书馆举办的讲座转播等。同时，根据中研普华研究院《2022—2027年数字图书馆产业深度调研及未来发展现状趋势预测报告》相关报告可知，国家图书馆逐渐将数字经济作为文化产业发展的新功能、文化消费的全新增长点，为引领数字化图书馆新业态发展做出了积极贡献。

国家图书馆智慧平台的研究与示范立足于文化、科技的结合，以物联网、大数据、云计算、移动互联网等技术手段，基于当前成熟的行业自动化、数字化、智能化系统应用之上，研制出符合当今技术发展趋势的智慧平台，率先探索实施了图书馆服务模式的创新转变。

国家图书馆馆舍空间包括总馆南区、北区及典籍博物馆。国家图书馆采用高举架、书架环绕的阅读空间设计，总馆南区的服务以中心书库为核心，设有综合、外文、港澳台文献、缩微文献等12个文献阅览室，提供中外文外借文献、特藏文献服务以及国家典籍博物馆的展示服务。其中，各闭架图书阅览室规模较小，但以具有专业学科背景的馆员居多。总馆北区为后扩建的馆舍，屋顶采用电子可控伸缩式窗帘，用以调节阳光。北区提供近3年的中文图书开架阅览服务、部分图书配套光碟闭架阅览服务及数字资源检索服务，馆藏主要利用射频识别技术进行管理，便于读者从馆藏目录中查获书架的位置，快速找到图书。归架整理工作由外包公司处理，分类号采取中图分类法，用射频识别技术定位，对其进行粗分，再利用无线网上传目前架上图书的位置信息，更正网页系统上的馆藏架号。馆内提供的电脑座位预约系统、自助办证机、自助借还机、电子阅读器、虚拟导航服务等智能设备可以最大限度地解放人力，让读者享受更便捷的服务。阅览室的桌子上全部设有电源插孔，方便读者使用电脑等电子设备。阅览区各处均贴有二维码标签，读者可以用移动端扫描二维码，使用检索系统、查询个人借阅信息、浏览图书馆公告、观看视频等。

2. 上海图书馆

2005年，上海图书馆率先在国内开设了手机图书馆，实现了人书的广泛互联。近年来，上海大学图书馆也在积极建设智慧图书馆，例如手机图书馆、自助选座系统、射频识别技术、机构知识库等项目的建设，旨在为读者提供高效、便捷的智慧化服务。手机图书馆为读者开放了"我的图书馆""上图讲座""分馆引导""上图电子书""电子期刊（试用）"几大功能。这些功能极大地方便读者利用图书馆的资源和服务，使读者能及时了解上海图书馆讲座的最新信息，并可以通过图书馆开通的手机特服号随时随地进行讲座预定；能引导读者前往各图书阅览室借阅书刊；读者在线阅读时可以做书签、笔记、重点字句高亮保存、划词翻译、写书评；能进行全市书目和馆藏联合检索；能访问已经开通的部分电子期刊。

3. 天津中新友好图书馆

中新友好图书馆由德国GMP建筑事务所设计，设有新加坡主题馆、生态儿童馆、24小时自助借阅室、视障阅览室、档案服务大厅、多媒体服务区等多功能分区。主体建筑由图书馆、档案馆两个单体结构交互而成，共用一个中庭，相对独立的同时又相互连通。该馆是标榜智能、科技的新式图书馆，馆内采用挑空设计，采光极佳，大厅内设有移动零售机器人和智慧墙面板，提供贩售服务和各类资讯。大厅和阅览区有机器人执勤，可通过对话，提供读者咨询、借还图书等服务，另有智能导航机可协助馆员为读者更好地提供各类服务。

读者可使用生态城图书档案馆手机客户端或微信、支付宝、人脸识别等方式借还图书。该馆采用四位一体书标，集色标、索书号、条形码和馆名于一体，让读者能快速找到所需或想要借阅的图书，可降低加工经费，提升图书加工及上架效率。馆外还设有汽车穿梭还书系统。利用这一系统，读者不必下车就可以快速还书。中新友好图书馆可以利用大数据分析平台，依据读者阅读习惯，为其量身定制阅读书目，提供个性化的阅读服务。图书馆提供瀑布流电子借阅系统，轻触页面便可打开所选择的电子资源进行在线阅读，也可将其扫描下载至手机，满足读者随时随地阅读之需求。图书馆内还提供影音欣赏、录音棚、诗文亭、电子书法、积木交通、AR技术、VR技术等体验区。全馆结合了生态绿色理念，重点强化环境品质，进而提升服务效能。

4. 清华大学图书馆

清华大学图书馆的相关研究人员从2006年就已经开始关注高校内的移动数字图书馆领域的研究，于2007年推出了流通通知的短信服务，同年，开始建设能够为重点学科的师生提供快捷的网络学术资源查询服务的数字图书馆系统。清华大学图书馆现阶段的目标是建成研究型、数字化和开放文明的现代化图书馆。其中最新落成的李文正馆，四周及天花板大量采用玻璃，光线十分充足，空间设计具有通透性及现代感，还配备有大量智能设备。2017年5月，馆内设置互动创新体验区。为了解决新书、热门书需预约、排队的问题，该馆管理技术部老师将馆内新书、热门书籍《清华周刊》（1921至1966年约600期）制作成电子版，到馆读者均可以到该区电子书墙扫描书籍专属二维码，即可将电子书收藏在移动终端进行阅读，没有借阅数量限制。该区域还规划设计了一个"清华印记"的互动游戏，到馆读者可以利用技术手段，与清华大学的老建筑物或者著名人物合影，照片会留在投影墙面上，也可以扫描二维码储存在手机里。此外，图书馆将馆内典藏的珍贵文物，例如甲骨文、竹简、青铜器等，利用3D打印技术做成复制品后进行展示。该馆馆藏均未使用射频识别技术，并非成本原因，而是认为射频识别技术无法完成与磁条双检测的功能，盘点也无法达到要求，故决定不采用射频识别技术进行馆藏管理。馆内书架并无精细地以每层架位做馆藏标示，只以书架两侧的标示板标示书号。

5.北京外国语大学图书馆

北京外国语大学图书馆新馆于2013年6月投入使用，采用一门式、藏阅一体化全面开放服务的管理模式，馆藏书刊均开架，实现了查阅、借阅、阅览、自习、咨询一体化服务。馆藏按中文图书、英文图书、多语种图书分楼层布局，馆外有24小时自助还书机。图书馆拥有良好的采光格局，学生可于平台或某一角空间，使用平板电脑或站立阅读等。馆藏位置均标示于地面，指引方向明确，易辨认。阅览桌上设置间接照明系统，另配置有台灯或欧式照明。图书自动化管理系统采用以色列Aleph自动化管理系统，总馆及院系分馆的图书以分别管理模式，实现多语言图书采、编规范化的统一管理，实现多种语言文献编目及检索的功能。学术资源发现与获取（一站式检索）系统采用以色列Primo管理系统，实现馆藏纸本资源与电子资源深度结合。为配合服务"双一流"学科建设，图书馆与校方配合实现馆藏资源与课程设置相统一，纸电资源平衡发展。

6. 南京大学图书馆

2012年4月，南京地区的5所高校共同成立了南京城东高校图书馆联合体，利用联合体资源统一检索和服务平台、联合体校际图书通借通还服务，实现了资源统一检索和图书通借通还服务，节约了读者的时间，极大地方便了读者，近3000万册书刊已面向5校师生资源共享。南京大学于2012年5月开通智慧图书馆服务，后续经过两期建设，基本构建了以NLSP图书馆管理系统、智慧盘点机器人、智慧问答、室内定位为主要组成部分的四位一体的智慧图书馆系统。

NLSP系统采用面向服务的体系框架，重构并统一了图书馆对各类资源管理的工作流程，以云服务方式部署，为读者提供简单直观的搜索界面，引导其快速发现所需资源。NLSP系统包括纸质资源的采访、编目、典藏，读者服务、分析决策、系统管理几个核心模块。

智慧盘点机器人"图客"将射频识别、计算机视觉和智能机器人技术进行有机结合，通过射频识别阅读器定位图书内嵌的射频识别芯片进行识别，一旦发现错误便可实时显示其错架位置，实现了全自动化图书盘点。

智慧问答系统"图宝在线"是将图书馆积累的无序语料信息进行有序和科学的整理，并建立基于知识的分类模型。基于多年积累的关于学校图书馆的基本情况、常见问题及其解答，整理为规范的问答库形式，以支撑各种常见问题的智能问答。

7. 香港的智慧图书馆

香港特区行政长官林郑月娥在《行政长官2018年施政报告》第297条中明确指出：政府将善用科技提供创新的公共图书馆服务，以及提升图书馆的设施和服务质素、成本效益和友善环境，以推广全城阅读文化和配合香港发展成为智慧城市，并继续汇聚各方力量，包括教育界、社区组织及区议会等，建立策略性伙伴关系，营造更好的全城阅读氛围。据新华社香港2019年2月17日新闻得知，2019年香港康乐及文化事务署开发全新智慧图书馆系统。康文署辖下的香港公共图书馆现共有70间固定图书馆、2个24小时自助图书站、12间流动图书馆和超过110个流动服务点。新系统将会取代现有的两套主要系统，并会更广泛地应用资讯及通信科技，同时采用射频识别技术的自助服务设施，以该技术操作的中央分拣系统可自动处理跨馆归还的图书馆资料，把归还书籍送回原属图书馆所需的时间由4个工作日缩短至最少2个工作日，除了可以减少分拣归还项目的人手，还可以更快地把图书馆资料上架以供外借。

公共图书馆方面，香港中央图书馆是智慧型建筑的代表。馆内所有书桌都提供电源，读者可以使用自己的笔记本电脑通过连接馆内无线网，检索馆内系统中的资料。此外，馆内设有互联网数码站，读者可以使用互联网及各式各样的多媒体光碟。图书馆每层地台均采用网络式地板设计，方便连接电脑设备，更为未来的功能扩展增添了弹性。

香港公共图书馆系统由遍布在香港各个区域、不同规模和类型的图书馆组成，里面既有固定图书馆，也有流动图书馆。它们通过图书馆自动化系统连接在一起，为所有的香港居民提供更为人性化的服务。读者通过公共图书馆的联机检索系统，可以在任意服务点获取图书馆服务，如通过电话或网络享受借还书的服务，在网页上能查询浏览任何一座系统内的图书馆的目录，查询图书馆正在或将要举办的活动，查询个人借还书记录，预约书籍，向图书馆发送电子邮件来查询资料或提建议。读者在图书馆借出的文献资料，可以在系统内的任何一个图书馆还书，即通借通还。同时，图书馆外设有24小时服务的自助还书箱。香港公共图书馆给读者提供的各种服务无不体现出智慧图书馆服务的本质。

8. 澳门的智慧图书馆

据澳门文化局资料显示，为满足凼仔市民及读者阅读所需，澳门文化局从2015年4月开始以试运营形式对外开放凼仔图书馆。同时，澳门文化局下辖公共图书馆于2015年4月开始引入射频识别技术，并以凼仔图书馆作为首间试行点。目前，文化局下辖的公共图书馆已全面采用射频识别技术及配套设备，现时大部分图书馆都设有自助借还书机或自助还书箱，读者可以快速完成借书、还书及续借操作，全面实施自助化。澳门公共图书馆的智能化设施包括自助借还书机、自助还书箱、图书扫描机、自助影印机、手机应用程式BookMynel等。据中国经济网（2020年）的报道，澳门特区政府文化局于2020年9月10日下午举行新闻发布会，公布新中央图书馆的选址及概念设计方案。根据方案，新中央图书馆建成后将成为澳门面积最大的一座图书馆，初步估算造价约5亿澳门元。同时，澳门图书馆界也对智慧图书馆为图书馆业界所带来的改变进行了深入探讨，澳门文化局公共图书馆馆讯《城与书》2019年季刊第17期发布专题《智慧用于刀刃间——浅谈智慧图书馆的智能与人工平衡化》，重点讨论智慧图书馆的智能与人工应用平衡主题，研究如何结合两者来优化图书馆服务，营造良好的阅读环境。该专题指出：智慧图书馆应是以数字化、网络化、智能化的信息技术为技术支撑；以互联、高效、便利为主要特征；以绿色发展和数字惠民为本质追求，也是现代图书馆创新发展的理念与实践。根据专题内的统计数据，2019年9月与年初比较，使用自助借还书机的增幅为47%，读者使用自助借还书机的比例占整体服务的68%。可以看出，澳门的智慧图书馆建设重点为图书馆以科技为基础的主动式服务，一线馆员减少了重复性的工作，同时，自助化服务为管理工作提供了很多有用的数据，使图书馆工作人员在图书管理上更为精准，可以对读者需求做更深入的分析，对图书、工作人员的分配做出更好的调整。澳门图书馆界认为智慧图书馆的出现，绝非把图书馆变成无工作人员的图书馆，而是令图书馆的服务变得更倾向于读者导向和个人化，在原有的基础借还书功能上做出延伸，不断优化，为读者的需求提供更为方便的服务。

该馆除一般阅览区、报刊阅览区、多媒体室，还设有儿童剧场、儿童图书馆、放映室、展示区等区域。其中，儿童图书馆为一大亮点。放映室约提供座位50个，按读者需求在不同时间段播放各类影片，定期举办培训讲座、工作坊、艺术教育活动等。多媒体室有54台计算机供读者上网，为方便外籍人士使用，其中10台计算机提供英文界面。在这里，还能享受到超过万件多媒体资料外借及阅览的服务。该馆是澳门首间利用射频识别技术自助借还书系统的图书馆，市民可以自助办理借还书服务，极大地方便了市民。此外，馆内还设有各种自助化设备，如自助图书灭菌机、字体放大机、图书扫描器等。

9. 台湾的智慧图书馆

台湾地区对智慧图书馆的建设探讨最早可追溯到20世纪末。1999

年时任台湾中央图书馆台湾分馆馆长林文睿发表文章提出了极具前瞻性的建筑概念——超智慧性大楼设备整合系统（Intelligent Facilities Management System 简称IFMS）。IFMS 使用网络和集成技术整合原本分散的分系统。文章详细探讨了IFMS作用在图书馆的门禁系统、通信网络、能源控制系统上的可行性。台北图书馆认为智慧图书馆是指于特定地点，提供各类书刊让读者藉由馆内的自动化设施进行自主服务的图书馆，其出入由门禁及监视系统进行管理，读者可凭证入馆使用馆内各项设施并挑选书刊，再藉由简单的操作提示，自主完成借还书手续。简言之，就是将自助借还书系统、射频识别技术、监视设备及门禁系统与图书业务加以整合，但无馆员常驻于现场服务的模式。

2005年，台北图书馆利用射频识别技术，建起了我国首个"无人工操作图书馆"，馆内不派驻馆员，仅定期由馆员前往整理。无人图书馆得以节省成本、人力，提供民众更多元的服务的优点。但同时，一般图书馆拥有的自习空间、申请借阅证等服务，智慧图书馆是无法提供的。

根据2020年台北图书馆施政报告中的统计数据，截至2020年，台北市12个行政区中，有内湖、西门、松山机场、太阳、百龄、东区地下街等8所智慧图书馆及台北图书馆总馆、台北车站、市政大楼等10座Fast Book全自动借书站，同时，他们还在不断创新现有服务。图书馆与全家便利商店联手创立"超市还书"服务，后又推出了"超市借书"服务。此后，图书馆与台湾三大超级市场（全家、莱尔富、统一）进行合作，升级原有合作体系，使民众享有"三大超商即图书馆"的服务。

二、我国智慧图书馆建设的主要特征

与国外智慧图书馆的建设相比较，我国智慧图书馆的建设具有以下特点。

1. 暂时还没有非常成熟的智慧图书馆建设范例

我国刚刚建立起来的一些图书馆联盟，在技术支持、资源共享、服务管理等方面还是有所欠缺。在技术支持方面，我国图书馆使用的射频识别技术，以低频为主，且在设备接口标准上没有统一的标准出台。在资源共享方面，由于联盟投入有限，其服务内容与活动范围无法实现进一步拓展。在服务管理方面，馆员还没有从"被动式"的服务观念转变为"主动式"的服务观念，图书馆整个管理体系还不够扁平化，工作效率不高。

2. 法律保障体制不完善

我国目前已经颁布实施的有关图书馆工作的文件大多数是行政规章，图书馆法规较少，尚未有制定成文的图书馆法。已经颁布实施的图书馆法规、规章等也不够完善。现有法规和规章不完整，对具体的违反法规或规章的行为没有相应的处罚措施，达不到惩戒的效果。不完善的法律保障体制，使我国智慧图书馆的构建得不到法律上的充分保障。

第二节　国外智慧图书馆建设现状

一、不同国家智慧图书馆建设现状

1. 美国的智慧图书馆

在20世纪90年代末，美国纽约建立了第一所电子图书馆。该图书馆的建立，在图书馆发展历史上具有划时代的意义，进一步拓展了图书馆的内涵和概念。在这所位于纽约麦迪逊大街和34街交叉口的电子图书馆里，一切管理工作都由新式的电脑进行操控，不再拥有传统图书馆里大量的书架、目录柜等。电子图书馆里的电脑与本地和远程的终端网络相连接，读者不仅可以随时随地查询自己所需要的图书、报纸、杂志、各类电子文献资料等，而且可以借助于互联网技术搜寻自己所需要的多种形式的文献、书籍资料。如果读者需要将自己所需的文献资料打印出来，图书馆里会提供打印服务。由此可见，美国的这所电子图书馆的最大特点就是电脑操控管理。

美国图书馆协会图书馆未来中心在《2019年美国图书馆行业现状报告》中指出，人工智能和智慧社区这两个突出趋势将有助于图书馆证明自身在适应新兴角色和环境中的能力。

图书馆专业人员对人工智能、深度学习、机器学习和自然语言处理方面表现出极大的兴趣。人工智能不仅可以帮助图书馆扩大信息获取量，对于鼓励读者好奇心和促进社区知识生产也至关重要。一些图书馆正在着手计划使人工智能更加易于在图书馆内使用。例如，2018年罗德岛大学开设了第一个人工智能实验室。该实验室就位于大学图书馆中。这种跨学科的设施旨在向所有学生、教职员工和更广泛的罗德岛社区开放，使他们都能够探索这些新兴技术。加利福尼亚州斯坦福大学图书馆的图书馆人工智能计划为读者提供有助于识别和试用的人工智能应用程序，可以使科研人员更容易发现、访问和分析图书馆的馆藏。马萨诸塞州剑桥市的公共图书馆与哈佛大学MetaLab实验室和麻省理工学院的海登图书馆合作，创建了Laughing Room会议室。这是一种互动式艺术装置，参与者可以进入一个充满笑声的人工智能室，每当参与者说出算法认为有趣的内容时，便会播放笑声。

西雅图公共图书馆则较好地贯彻了智慧图书馆的理念。该馆的设计理念是重新定义图书馆，打破传统楼层分割概念，转而以工作区、会议室、书库和功能区等进行空间定义。图书馆的空间不再靠墙体分开，而是独立存在，使之作为一个不再是只和图书有关的专门机构，同时也是一个信息存储场所。所有形式的资源无论新旧，均被平等清晰地体现，旨在为读者营造最开放的阅读空间。

在建筑结构上，西雅图公共图书馆采用双层保温的镀膜玻璃与三角钢结构，整栋建筑形成一个巨大的凹斜采光玻璃顶棚，除了日照变化产生斑驳的光影，还配合了不少与室外相连的巧妙垂直绿化，并采用了雨水采集装置和循环灌溉系统。在建筑材料上，75%的材料来自码头地区消耗和部分损坏材料的重新炼造，小于20%的建材是非本地采集，其设计和建造过程均严格遵照了美国LEED节能环保要求执行，在材料的循环使用上具有绝对的指导意义。图书馆用色彩方式取代墙体来划分不同的区域，例如用黄绿色荧光灯标记连接整栋建筑的纵向电梯，用橘红色指示星巴克青年中心，用红色标志图书馆的步梯空间，在Faye G.Allen儿童学习中心，粉色区域旨在吸引5岁以下幼童的注意力，黄色区域则为大于5岁的学前儿童设置，并为儿童读者专门设计了"泡芙"座椅。

在技术使用方面，西雅图公共图书馆采用全自动图书分类系统，归还的图书经由传输带时，电脑会自动判读书籍上的条码，并将书籍自动分拣到对应的书车中。

在可视化方面，西雅图公共图书馆混合功能区的6个LED屏幕上，提供读者借阅资料的实时数据，每次可视化持续1~6分钟。数据水平或垂直流动，并进行颜色编码。例如，在浮动标题中，书籍标题为红色，而其他媒体（如 DVD 和CD）的标题为绿色。在图书馆入口处，设计师安·汉密尔顿使用了有11种不同语言背景的，用1543份顾客和图书馆员提供的文字内容雕刻成556条可供行走的枫木地板，以体现对不同文化和知识的尊重。西雅图公共图书馆将环境友好、智能惠民这一理念很好地贯彻于图书馆的日常运作与服务中。

2. 澳大利亚的智慧图书馆

早在2012年，澳大利亚阿兰娜和玛德琳基金会及澳大利亚Telstra公司基金会成立，并将其获得的百万美元资金投资到了1500个社区智慧图书馆的建设当中，其目的是为大众提供新型的图书馆服务。如今，该机构已经在几百个社区建立起了统一的电子智慧图书馆，这些电子智慧图书馆利用其强大的功能，可以为广大的读者提供不受时间和空间限制的多项服务，例如，利用移动终端或者固定终端与电子图书馆的馆员取得联系，从而获得图书馆的多项服务和多样化的资料。在社区电子图书馆的建设中，其所具备的硬件设备通常具备一定的防火墙功能，不仅能够自动检测出各种不安全信息，而且能够自动过滤掉一些存在安全隐患的信息内容。在这些智慧图书馆里，主要依靠智能化的中央系统来管理和控制图书馆的馆藏资源。在智慧图书馆里，电子馆员也是重要的组成，在图书馆资源的互联共享中发挥着积极的作用。

3. 新加坡的智慧图书馆

早在2006年，新加坡政府就开始了"2025智慧国"计划的实施。该计划的最终目标就是将新加坡建设成为一个依靠资讯通信技术驱动的智能化、全球化的国家。可以说，新加坡是东南亚乃至整个亚洲最早开展智慧图书馆相关实践的国家之一。新加坡于1992年成立图书馆审议委员会，并在1994年出版《Library 2000》报告，对于21世纪资讯科技时代的新加坡图书馆发展，提出引进资讯科技、提供市场导向服务、结合社区与企业界等建议，以达成拓展国民学习能力，增加国家竞争力的目标。从1998年开始，新加坡公共图书馆开始使用3M自动借书机器与24小时还书箱，后来进一步升级改造，采用射频识别系统。2003年8月在柏林举办的第69届IFLA年会上，新加坡国家图书馆委员会执行主席助理Ngian Lek Choh 发表了会议文章《没有服务台的完全自助型图书馆——新加坡经验》，阐述如何用射频识别技术解决读者借还书的问题，使得智慧图书馆开始进入理论探讨层面。

2005年启用的新加坡国家图书馆新馆，是目前东南亚规模最大、设施最先进的图书馆。全馆楼高16层，采用节能设计，四面采用玻璃帷幕的绿色建筑结构，设有开放空间与空中花园。大部分馆藏资料都可以通过BookSG应用进行查询。

同时，新加坡国家图书馆加大了对新设备的开发力度，2015年新加坡国家图书馆与新加坡科技研究局合作研发出一个名为AuRoSS的系统（Autonomous Robotic Shelf Scanning System），即自主式机器人书架扫描系统。该系统可记忆不同图书馆格局和书架位置，闭馆后自行穿梭于书架之间，以射频识别技术扫描书籍编码，在结束工作的同时会生成相应的工作报告，向馆员通报缺失和乱序情况，以方便馆员将图书重新上架。

目前，新加坡智慧图书馆建设计划在国家图书馆委员会的主导下，按照长期和短期分类对服务项目进行集中建设。这些项目中，以基础数字扫盲方案最具代表性。2018年6月，新加坡发布了《数字政府蓝图》，内容称到2023年，九成以上的政府事务将实现数字化。这一阶段的政府数字化与新加坡的智慧国家愿景是一致的，所以新加坡必须让公民做好准备，不仅要让民众有机会，而且要具备使用政府数字服务的必要技能，全面参与到转型的数字社会中。因此，新加坡国家图书馆委员会推出了数字扫盲教学方案，教学内容包括信息管理与交流、线上购物、获取政务服务、网络安全措施四个方面。

正是在"智慧国"计划的影响下，新加坡的图书馆建设发展也取得了较大的成绩，能够利用现代科学技术，为广大读者提供便捷、优质、高效的服务。据了解，新加坡国家图书馆是最早将射频识别技术作为图书标签的图书馆之一。工作人员将无线射频芯片安插在相应的书籍当中，读者只要将自己的读者证输入相应的设备当中，同时将所借的书籍放置到扫描屏上，就会实现自动扫描，完成借阅流程。如果读者有需要，也可以将本次借阅情况打印出来，包括所借图书的基本信息、借阅时间、应该还书的最后期限等内容。在这样的图书馆里，读者还书同样很方便，只需要将所借图书带到自助还书点，将这些书投入还书设备的还书口里，就可以顺利完成还书流程，同时系统会自动显示出图书借还的基本情况。

新加坡国家图书馆应用射频识别技术，充分发挥了该技术的优势，真正展示出了该技术的特点。其一，新加坡的合法公民都可以凭借自己的合法证件到智慧图书馆自助借阅图书，不需要再办理其他的阅读证件。其二，智慧图书馆里的自助还书点是全天开放的，读者可以随时去还书，同时也可以享受到自助借书服务和全国通还的服务，也就是说，读者在图书馆借书后，可以在全国任何一个还书点还书。

4. 马来西亚的智慧图书馆

2014年，马来西亚的第二座国家三星智慧图书馆建成并投入使用，该智慧图书馆是由马来西亚国家图书馆与马来西亚三星电子私人有限公司合作共同投资建造的。马来西亚建造这座智慧图书馆的目的有二，其一是支持国家各项事务，计划将马来西亚打造成精通信息通信技术的信息化国家。其二，为了能够有效培养大量懂读写的人才，特别是在乡村和城市落后的地区。三星智慧图书馆的建成，更好地满足了广大读者的实际阅读需求，特别是那些具有交互式阅读需求的读者，不仅为他们营造出了良好的学习环境，同时也促进了马来西亚国民素质的提高。

马来西亚的这所智慧图书馆划分为三个主要区域，即交互区、阅览区以及儿童阅读区。在这些区域里总共投放了35台电子设备，其中包括平板电脑、触屏智能标牌以及大屏显示器。在阅览区，读者可以获得4300种印有英文、马来语以及中文的电子书标题。在交互区，读者可以获得交互的电子网页，就像人们熟悉的电子杂志、电子报纸以及视听书一样。在该区域里，馆员、志愿者以及学者会通过交互指导、交互阅读、交互教育等方式为读者提供相应的指导，进一步提升了智慧图书馆内资源的利用率。这座智慧图书馆的建成意义重大，每年都会服务超过10万的读者。

5. 芬兰的智慧图书馆

芬兰是第一个系统提出智慧图书馆概念的国家，同时芬兰的教育水平、人均图书馆占有量，人均图书馆服务支出均位于世界前列。芬兰图书馆系统有统一的基本原则，即图书馆是国民"基本服务"，所谓基本服务，就是和国民教育一样，保证人民都能得到免费、平等的服务。

现阶段芬兰图书馆建设正在向智慧图书馆有序迈进，根据资料显示，芬兰的公共图书馆馆藏丰富多元，非纸本资源占10.43%（主要包括音乐、影片等视听资料）；各个图书馆都有漫画、图文小说，甚至有电玩等馆藏，并且针对年轻读者的阅读喜好，设置有KuMuKi（图像、音乐、书籍的缩写）专区。芬兰的公共图书馆普遍设置自助借还书机，大型图书馆的自助还书机后端会连接自动分拣机，将图书按馆别或类别分类，以节省馆员的人工作业。传统的服务柜台被改为馆员个人工作站，可以弹性配置在各服务区，为读者提供全方位的服务。图书馆的物品具有可变性、轻量化的特点，空间的配置讲求弹性，以轻隔间为主，书架上设灯具，书架下装轮子，用以最大限度调整区域的配置。部分图书馆还配有录音室、剪辑室、练琴室等，可供读者借用。

芬兰的公共图书馆普遍实施跨区合作，如邻近城市的公共图书馆使用相同的自动化系统，甚至进一步的图书通阅。大学及公共图书馆的自动化系统通用性程度高。芬兰全国的大学使用同一套系统，而公共图书馆界则有8套系统，例如赫尔辛基都会区的4座城市图书馆共用1套Helmet系统。"以人为本"的理念在芬兰的图书馆中得到了很好的践行，即使在有自助借还书机的情况下，图书馆仍然考虑到少部分读者的需求，为独居老人等平时少与人接触的人提供人工业务办理服务。他们依据所在地区的语言使用情况提供多元的语言服务，例如在双语城市图书馆会提供官方语言和日常语言的服务。此外，图书馆出借的物品也不只有图书，例如赫尔辛基市立图书馆可以出借乐器、雪地手杖、曲棍球棍等。

2018年12月5日，赫尔辛基颂歌中央图书馆正式对公众开放，这是芬兰图书馆事业发展的最新成果，也是智慧图书馆理念的又一重要展示。该图书馆在设计之初，就通过网站和各种活动收集了大量市民的想法与建议，因此它可以更好地满足图书馆读者的愿望和需求。馆体分为3层，每一层都有自己的特色，一层为公共设施和大型活动场所，例如电影院、多功能厅、游乐园。读者可以在这里办理图书快速借还服务，并享受餐饮服务。二层致力于引导读者自己动手、与他人互动，设有录音室、工作室、游戏室、城市车间、会议室以及小组工作设施等。城市车间内提供3D扫描仪、激光切割机、不干胶打印机、热压机、缝纫机等多种设备，读者在这里可以尽情使用这些设备制作自己喜爱的物品。游戏室中的设备甚至可以满足最苛刻的玩家的需求。三层是观景台及"Book Heaven"，提供近20种语言的书籍、丰富的漫画馆藏以及不同种类的棋盘游戏。同时，这一区域使用了自动引导车，辅助读者进行查验借还操作。赫尔辛基颂歌中央图书馆从设计、建设到开放，在每一个环节都最大限度地考虑到了每一位读者的每一种需求，将众多智能技术与"以人为本"的理念进行了很好的融合，使赫尔辛基颂歌中央图书馆成为结合传统与现代且高效节能的图书馆。

二、国外智慧图书馆构建的主要特征与评价成绩

1. 国外智慧图书馆构建的主要特征

（1）馆舍智能化程度较高

图书馆的馆舍智能化，也就是图书馆的建筑智能化，主要体现在楼宇自动化、通信自动化、办公自动化以及布线综合化四个方面。智能图书馆依靠自动化系统对图书馆内建筑中的机电装置和能源设备进行集中管理，真正体现了智能化和自动化的特点，展现出了良好的运转状态和管理水平。

（2）馆藏资源丰富

美国国会图书馆里收集、整理并保存着丰富的美国历史文献资料，同时，也保存着人类的各种优秀文化和知识内容，资料内容覆盖范围非

常广泛，涉及各个领域和专题。

（3）文献资源共享覆盖面广

在实践发展中，智慧图书馆里的丰富馆藏是各图书馆构建本馆文献信息资源共享平台的基础，各平台之间能够形成平台链，具有较强的关联性。依托这个平台链，构成了集图书资源、期刊资源、报纸资源、专利、标准、会议论文、学位论文、教学视频等内容为一体的，以云数据形式存储的统一检索平台，建立了与图书馆已经拥有的各个资源库的调度链接，并且利用电子邮件可以实现各馆之间资源的相互传递和使用。

（4）具有较完善的法律保障体系

在美国、澳大利亚等国家，他们各个州基本都拥有独立的图书馆法，更好地保障各地图书馆的正常发展。很多西方国家不仅拥有完善的法律保障体系，同时政府、基金会以及其他的公益性组织也大力支持智慧图书馆事业的发展，在人力、物力、财力等方面给予充分的支持和协助，其目的是借助于图书馆的发展，不断提升国民的综合素质。

2.成绩评价

（1）自动化设备的使用

现阶段各图书馆最明显的智慧特征就体现在馆内大量自动化设备的运用，最具代表性的自动化设备包括射频识别设备、图书馆物联网系统等。

射频识别标签读取信息的速度要远高于条形码的读取速度，所以该技术极大地促进了图书馆自动化程度的提升，减少了执行循环操作所需的时间。射频识别技术主要为图书馆带来了以下改变：射频识别标签取代了传统的条形码，简化读者的使用程序，为图书馆拓展了处理音像资料的能力，提供了安全、可靠的防盗监测功能，提高了对乱序馆藏的识别和查验能力。

图书馆物联网系统则作用在集中管理方面，通过传感器将每一本馆藏连接到互联网中，对每个正在进行的图书馆工作进行动态监测并提供实时数据，从而提供更好的馆藏管理。对读者的移动终端进行感知和监测，利用无线网或蓝牙渠道发送具有针对性的通知。对馆内设备进行监控，从而压缩运营成本。通过使用由物联网来控制的能源系统进行自动连接或断开操作，根据需要来控制照明或进行温度调节，最大限度地减少能源消耗。利用搭载各项信息的传感机器人为读者提供查询、互动、导航等服务。

（2）信息获取渠道的扩展

智慧图书馆的另一表现在于信息获取渠道的扩展。从过去的纸本目录、读者指南，到数字图书馆的馆藏查询系统，再到现在整合的一体化检索系统，读者获取信息的方式和速度有了质的飞跃。这种获取渠道的扩展，不仅仅使读者受益，而且使图书馆受益。对读者来说，新的渠道融合了线上与线下、现实与虚拟，让每一位读者与图书馆相连、与世界相连。图书馆内曾经烦琐的查验流程转移到不同功能的自动化设备上，读者只需要几次触碰就可以获取自己想要的资源，甚至即使读者不亲自到访图书馆也能享受到图书馆的多种服务。对图书馆来说，不用再一味地被动等待读者提出自身的需求，相反可以主动利用图书馆服务器采集各类信息及馆内实时生成的数据，借助技术设备进行有效的分析、评估，以此来更好地完善现有的服务与功能，逐步开发新服务和新功能，使智慧图书馆的建设可以不断地进行自我调整、自我修正。

（3）空间布局的优化

图书馆建筑、大量馆藏资料和各型设备过去一直是图书馆的重要组成部分，也是图书馆发展水平的象征。这些物体占用了图书馆的绝大部分空间，其不可移动性使得图书馆一旦完成规划设计与建设，就无法再轻易更改其位置，由此而来的空间布局问题在过去很长一段时间内都制约着图书馆的发展，使图书馆无法对读者需求、时代发展所带来的变化做出及时回应。智慧图书馆建设的开展，使得图书馆能在不改变原有设计的前提下，赋予相关物品或内容可变性，例如在书架下安装滑轮，使用模块化的家具等，使图书馆空间布局得到最大限度的优化，突破以往较为单一、刻板的物理场所的定位，使图书馆成为全新的融合体空间，从而提高面对来自读者和管理人员的不同需求时的弹性处理能力。

第三节　我国智慧图书馆的有效实现模式

一、智能馆舍

当前，我们可以将智能家居的理念植入图书馆场景中，为的是打造新时代的智能图书馆，切实为图书馆智能化发展助力，从而满足越来越多的人的需求，满足越来越高端的服务要求。

以往人工化的图书管理工作主要涉及以下几个方面：安保系统运作安排、照明监测、交配电监控、电子会议系统利用与调配、供水与排水系统监测等。这些工作都需要人力去完成，平时还要做好监督、巡逻、检修等工作。这些工作往往耗费大量的人力、物力、财力，工作效率较低，导致图书馆里的人员往往承受较重的压力和较大的负担，服务质量提升面临较大难度。在智能家居理念引入图书馆后，这一情况发生了巨大改变，图书管理人员只要通过简单的线上操作，便可实现远程监控、智能作业并向读者提供优质服务，极大地减少了图书管理人员的工作量，减轻了工作压力，对图书馆工作效率的提升、服务质量的提升有重要的现实意义。例如，图书馆阅览区域会受室外光线的影响，适合阅读的区域会随着阳光照射强度、照射区域的变化而产生变化，一旦太阳落山，馆内光线就会变暗，"智能馆舍"就会自动打开照明灯，也会将光线强度控制在合适范围，为馆内工作人员和读者带来贴心的照明服务。若太阳光照射强烈，"智能馆舍"会自动熄灭灯光并拉下窗帘，让馆内亮度保持在舒适且合适的范围。在不同季节，"智能馆舍"会智能调控馆内温度，保持舒适的状态。诸如此类的智能服务还有很多，这些智能操作主要依靠图书馆内的光线感应器和中央主控制电脑构成的系统来完成。该系统可以自动识别馆内照明系统的物体属性，再读取这些物体属性，将相关信息通过感应器构成的网络传输到信息处理中心，由中心计算机完成相应的处理。这种管理方式无须人力介入，对提高馆内工作人员的工作效率有较大益处。

二、手机图书馆

手机图书馆是手机智能化程度不断提升、图书馆线上业务快速发展背景下的产物，也被称为"移动图书馆"或"无线图书馆"，满足了人们随时随地阅览图书的需求，是手机功能与图书馆服务结合的一种表现。它以手机、电脑等为载体，在互联网的介入和支持下，满足读者登录图书平台阅览图书的需要，实现了信息双向传播的功能，带给人们较为便捷且优质的服务。该服务一经推出，便迅速流行起来，受到读者的热烈欢迎。目前来看，手机图书馆这一模式已经发展到成熟阶段，服务方式主要是短信息服务和无线应用协议（WAP）服务两种，通过这两种渠道，手机图书馆积累了大量读者。其中，短信息服务是通过向读者发送短信的方式，为读者与手机图书馆建立联系并达成交互目的。读者可以发送短信指令给系统，也可以借助手机接收系统发来的信息通知。读者可以通过短信方式办理图书续借、挂失等业务，不必进入图书馆。WAP服务，主要指读者可以通过通用分组无线服务技术（即General Packet Radio Service，简称GPRS）访问手机图书馆系统的WAP网站，极大地拉近了读者与图书馆的关系，交互也因此变得更为频繁，增强了读者与图书馆的黏合度。

图书馆开通手机渠道的业务，会带来诸多正面影响。

第一，极大地便利读者，让读者可以随时随地通过手机、电脑来阅读自己喜欢的书籍，减少了路途奔波，避免了人工办理手续等多个环节，可以极大提升读者的读书体验，收获读者较高的满意度。

第二，可以扩大读者规模，在读者的拥护、客户端服务的支持下，切实实现图书馆的发展，图书馆的图书资源利用率和服务效率会大幅度提升，可以彰显图书馆在社会环境中的职能属性。

第三，手机服务特性可以延伸出更新颖、更独特且富有个性化的服务，打破线下业务的局限性，带给读者更多惊喜，带给图书馆更多发展的希望与动力。

由此可见，在科学技术不断发展的今天，发展线上服务是图书馆不断向前发展的必然结果，也是时代进步的典型表现。

不可否认，手机客户端的图书业务推出后，对图书馆的发展起到了尤为重要的作用，也产生了巨大的影响，彰显了图书馆服务的智能化、高端化和人性化，向读者提供的服务质量有较大幅度提升。手机具备双向交互功能，读者可以利用手机订制图书阅览服务，在图书馆业务中更具主动性、选择性，改变了图书馆以往被动服务的状态。

这是科技带来的巨大变革。这种变革带来的好处是多样。

首先，访问更为灵活，不受地域、时间等客观条件的限制。要知道，这些因素在传统图书馆服务中起到的制约作用十分突出，严重限制了传统图书馆的发展和服务质量的提升。

其次，业务得到较大程度的扩充。手机图书馆可以提供的服务有移动手持式阅读、新书信息发布与接收、图书续借操作与图书预约、书目在线查询和订阅、借阅信息查询、虚拟参考咨询等。读者无须询问图书管理员便可轻松获悉图书的状况和信息，无形中减少了读者与图书馆之间的矛盾与冲突，对图书馆的良性发展具有深远意义。

据上海新闻报道，上海图书馆推出全国首家"扫码借阅"服务，读者不必通过自助机器，利用手机扫码即可享受借书服务。当前，上海多家区级图书馆已前往"取经"。上海图书馆多年来适应移动互联网发展，推行"移动优先"的服务理念下，如今，读者通过手机已能享受几乎所有图书馆的大众功能服务——它既是一张图书馆的读者证，也能完成借书、续借、检索、电子书阅读、向馆员提问、预定活动门票等各种服务。上海图书馆完成了手机借书公测平台开发，读者在上海图书馆书刊外借室书架上拿起任何一本书，用已绑定上海图书馆读者证的手机扫描上海图书馆馆藏条码，就能成功外借该书，不用再通过摆放在固定地点的自助机器借书。

三、图书馆联盟

图书馆联盟是图书馆领域的新词汇，主要指由多个图书馆参与的联合体组织。这个组织中的图书馆皆以自愿为前提签署相应的合同，是承认其他图书馆、与其他图书馆构建合作关系的具体表现。加入该联盟的图书馆，相互间可以交流、互动与合作，资源可以共享，达到互惠互利的目的。图书馆联盟是一种馆际合作形式，也可以视其为传统图书馆和虚拟数字图书馆的高级合作形式，因为，它让纸质图书资源和电子图书资源实现了共存和协同发展，这是一种高级的衍化产物。

图书馆联盟所具备的优势可归纳为以下几点。

第一，读者可以在联盟内的任何图书馆取得图书借阅权。

第二，成员馆内图书可以相互借阅，实现资源共享，让图书资源利用率实现最大化。

第三，成员馆可以提供协作式参考咨询服务。

第四，成员馆可以为读者提供优惠价格复印。

第五，成员馆可以共享资源目录和联合目录，极大地丰富目录内容。

第六，成员馆内文献传递服务效率较高。

在互联网背景下，图书馆联盟有了新的发展动态。图书馆联盟可以实现购买的"规模效应"，所体现出来的购买力是单独图书馆所不能企及的，尤其让电子资源的购买力得到了较大提升，所带来的经济效益非常可观。与此同时，图书馆的采购成本得以降低，还可以拥有更多的联机数据库的利用权限。图书馆联盟的内部谈判与商议，可以对供应商形成压力与制约，可以压低采购电子资源的价格，给读者带来较大优惠。联盟成员馆可以开展自动化服务方面的合作，包括共同维护计算机硬件、编目的联合进行、先进系统的共同购买与应用等。成员馆之间还可以开展一些培训、教育类活动，便于发挥各馆所长，弥补其他图书馆之短，确保各个成员馆都可以得到全面发展，增强市场适应力和风险抵抗力。同时，联盟形式的图书馆更易获取外部的赞助资金，可及时抓住机遇实现逆袭发展。另外，也极易被社会大众所理解及接受，甚至可以接受来自社会各个组织的帮助，从而加速各个成员馆的发展、提升、优化、进步。各个成员馆可以共同分享利益并共同承担风险，减少了图书馆的压力和负担，更利于图书馆在当前社会中立足和发展。例如，2019年12月26日，泉城图书联盟正式成立；2021年1月30日，苏州图书馆、苏州第二图书馆及各市、区公共图书馆一起签订框架协议，正式成立苏州市公共图书馆联盟。今后，会有更多图书馆联盟组织的出现，这是图书馆发展的趋势。

四、城市街区24小时自助图书馆

城市街区24小时自助图书馆最早由深圳图书馆提出，这在当时看来，是一种新颖的图书馆经营方式，也被称为"第三代图书馆"。它的特色是智能化、亲和力和数字化，在当时备受推崇，也备受期待。这种图书馆发展模式可以为读者带来更便利的读书服务和更独特的读书体验。它是以一种自助形式出现的，有读书需要的人可以自主办证、借阅图书和续借图书，甚至可以自主还书、检索书籍类目等。读者一人就可以完成操作并满足读书方面的各类需求，提高了借阅书籍、搜索书籍等各个方面的便利度，受到读者的广泛好评。其最大的优点是无须人员看管，仅仅通过射频识别技术和条形码的关联，就可以实现图书馆借阅和归还的自动上架、下架功能，也可以在互联网的介入和支持下实现远程监控、故障自动申报等，为城市街区24小时自助图书馆的良好应用提供了强大的技术支持，也让自助式图书馆真正变为现实。

城市街区24小时自助图书馆系统主要由四部分组成，即24小时自助图书馆服务机系统（以下简称自助机）、中心服务系统、流动服务车和计算机网络。自助机是城市街区24小时自助图书馆的核心，下载了应用软件并提供收费服务。应用软件和中心服务系统的协议遵循深圳图书馆自行研发的标准ANSI/NISOZ39.83。流动服务车会自动补充已经借出的书籍，也会及时将新书上架，或是将一些过期、陈旧的书籍下架。无线网的使用会直接决定流动服务车与中心的交互方式，可随时随地解决各类突发问题。中心服务系统是图书馆为信息交换而设置的服务器，满足所有自助终端的服务需求，主要装载接受标准协议ANSI/NISOZ39.83的图书馆管理应用软件。该软件在自助机运行中起到规范、制约和管理等作用。在这一系统中，互联网是连接各项设备的基础条件，只有借助互联网串联起各个环节，才可以保障自动化系统运行良好，所以，互联网在图书馆及其业务发展中扮演着重要角色。

城市街区24小时自助图书馆之所以可以成为现实并运行良好，与它自身具备的优势有关。

首先，城市街区24小时自助图书馆可以打破传统图书馆服务读者的各种限制，包括时间限制、地域限制、手续限制等。它可以让有读书需要的读者随时随地自主办理业务并满足自身需求，增加了读者的选择性，提升了读者的自主性和主动性，给予读者较大的便利，节约了读者的读书成本。

其次，城市街区24小时自助图书馆无须花费较多成本就可在城市中伫立，满足不同地区市民的不同阅读需求，不会为图书馆本身带来较大的经济负担。

最后，城市街区24小时自助图书馆可以延伸图书馆业务和发展路径，给图书馆带来额外收益，扩增读者人群，奠定了图书馆长远发展的动力。

当然，城市街区24小时自助图书馆也有不足之处，那就是对外界图书的管制需要全面依赖射频识别技术和相关设备，一旦脱离这些技术与设备的支持，便会造成借阅图书方面的混乱情况。而且，条形码还书功能还未完善和成熟，有待进一步升级。

五、家庭电视图书馆

家庭电视图书馆也是一个形式新颖的图书馆模式。这一模式在世界范围内也不算多见，通常是借助电视机中的某个频道向读者提供免费的在线阅读服务，让书籍阅览更便捷、更生动、更直观。家庭电视图书馆的好处是无须注册会员。具体而言，读者想要通过电视阅览书籍，便要打开电视机并将频道转到图书馆频道，用遥控器进行相应操作，打开图书目录或搜索喜欢的书籍，选中并点击阅览按键，便可以透过电视翻阅和查看书籍。该频道由北京市有线数字电视交互式服务平台和国家图书馆、北京歌华有线公司于2009年联合推出，提供的服务种类较多，包括书籍类目的检索、在线订购书籍、查询借阅信息、续借书籍、聆听图书馆讲堂等服务，读者还可以在线收藏电子书刊，抑或欣赏文化信息资源共享中的经典剧目等，极大地丰富了家庭中人们的看书内容，让人们的读书诉求得到最大化满足。

家庭电视图书馆给家庭成员带来的便利服务是显而易见的，可以居家阅读，令很多人动心。美中不足的是，技术方面的瑕疵依旧存在，包括栏目数量有限、内容更新速度慢等。相信随着科学技术的不断进步，这些问题都将迎刃而解，未来家庭电视图书馆的建设力度只会越来越大，从而优化服务的各个环节，切实让读者满意。同时，家庭电视图书馆也会推出更具吸引力、更新颖的服务和功能，如通过电视把书籍内容讲出来，这样一来，即使在做其他事情也不耽误读书，在厨房做饭可以读书、做家务的时候可以读书等，甚至可以为正在做的事情提供相应的内容，通过电视机讲出来，实现边听边做，实现行为落实与内容输出的同步进行，对提升生活质量有较大好处。这种方式还可以将图书资源充分利用，为读者带来更贴心、更个性化的服务，发展潜力较大。

近年来，家庭电视图书馆开始与家庭教育进行有机衔接。2022年6月1日深圳图书馆发布"家庭与图书馆（室）少儿推荐节目"，两年内累计推了600种适合0~18岁少年儿童阅读的图书。深圳图书馆坚持保障和促进少儿阅读，始终以培育少儿的良好阅读习惯，提升阅读兴趣和阅读能力为己任。"家庭与图书馆（室)少儿推荐书目"由深圳图书馆馆员编制，计划用4年时间形成总量为1200种的少儿推荐书目，基本满足家庭和图书馆所需，能为家庭亲子共读、书香校园建设、图书馆少儿文献资源建设提供专业支持和借鉴。

第四章

新技术支持下智慧图书馆服务模式分析

第一节　智慧图书馆的实现载体

一、感知技术

在当前国内外智慧图书馆的建设过程中，感知技术应用最为广泛，有多种类型样式，例如：射频识别技术、ZigBee、iBeacon等。这些均为智慧图书馆应用中常见的感知技术，其中射频识别技术是最具代表性的感知技术。射频识别技术在图书馆建设中常会设置成独立标签，在书架或自助借阅区进行标识，帮助完成书籍排架、自助清点等任务，对图书馆的书籍资源进行管理。结合前几年的科学调查，在2006年的时候，全世界图书馆超3000万个馆藏项目使用了射频识别技术，帮助建设智慧图书馆，并且在图书馆的建设管理工作中做出突出贡献。

感知技术不仅发展较早、发展迅速，而且为图书馆建设与改造带来了重大变化。首先，读者是图书馆修建完善的重要体验群体，感知技术帮助图书馆提高馆内自动化服务流程，将图书馆实际整理与虚拟空间相结合，完成读者与图书的内在连接，帮助图书馆实现资源简单化，提高资源获取效率，实现高效管理与运作，提升运行能力，降低管理者劳动量，提升图书馆供给能力；帮助读者更便捷地获取图书资源，丰富阅读体验。

二、传感技术

传感技术是智慧图书馆建设的基础，将传感技术与图书馆建筑相连接，创设智慧建筑。在智慧图书馆的建设中，最为重要的一点是实现"万物相连"的网络系统，建设物联网体系。传感技术的应用将不同的传感器设备在图书馆内进行连接，不同类型、不同功能的传感器在图书馆内形成一个整体的物联网系统，结合传感器实时接收功能，对馆内数据进行实时检测、接收，对图书馆内光照、湿度、温度、通风指数等内容进行远程监测与操控，自动控制馆内光照、湿度、温度、通风等，保证图书馆一直保持在一定的舒适环境中，通过远程操控实现图书馆的智能管理。例如，阴雨天气时，馆内智慧照明系统自动监测到照明度无法达到标准光度，会立即启动自动光照设备，提高馆内亮度。再例如，国家图书馆内有一顶电子操控的屋顶窗帘，可以根据实际天气和气温情况伸缩，对馆内进行科学有效的动态空间管理。

智慧图书馆不仅可以提高图书馆科技管理工作建设水平，还可以有效降低资源消耗，节省图书馆的管理和运行成本。人员监控也是智慧图书馆建设的重要内容，在馆内的传感器可以有效捕捉人们的行为，对馆内人员情况、人员动作行为等进行监控，实时获取馆内信息，结合馆内情况进行高效管理。另外，馆内有紧急突发事件时，传感器可以做出迅速处理，利用传感器接收馆内信息，对馆内实时情况进行监督，以最快的速度应对突发事件。传感器还可以为馆内的读者提供导航指引服务，例如很多智慧图书馆在馆内设置有位置传感器，读者只要接入图书馆的互联网设备，获取馆内地图导航，就可以开启导航业务。

三、人工智能

人工智能是一门极富挑战性的科学，是计算机科学的一个分支。人工智能的研究包括语言识别、图像识别、自然语言处理等，对人的意识、思维的信息处理过程进行模拟，完成智慧思考，以模拟人的意识、思维的信息提取过程。人工智能的研究应用是希望计算机可以通过模拟人为思考与识别，完成更加复杂的工作内容，将人类从繁重的工作中解放出来。当前，人工智能的研究有了一定的成果，在标准化程度较高的重复性动作行业中，已经得以应用。在智慧图书馆的建设中，人工智能是网络信息与管理建设相连接的重要内容，是智慧图书馆建设的重要保障。

当前，很多图书馆已经开启智慧图书馆建设目标，人工智能也是其中最为重要的项目之一。在图书馆建设中引入多种类型的机器人进行智能服务，实现智慧馆内建设，例如，利用机器人对图书馆内读者提供咨询、指引、讲解等服务。机器人可以取代人工充当迎宾。当读者进行书籍搜索时，可以利用人工智能机器人进行查找。智能机器人还可以充当读者的讲解员，为读者带来书籍讲解活动等。人工智能在智慧图书馆的应用主要通过这些类型的服务完成智慧建馆的要求，为读者带来更多开放式的互动沟通体验。国家图书馆内有很多智能机器人"小图"，它们可以替代人工提供简单的指引、咨询、讲解等服务，在降低图书馆人工管理成本的同时，提高馆内智慧项目建设。

人工智能不仅体现在智能机器人的应用方面，在图书管理以及大数据库整理工作中也起到了积极作用，中国知网数据库是当前智慧图书馆建设中重要的数据管理系统，中国知网数据库可以对馆内图书资源进行系统化整理。读者在进行资源检索时，可以利用此数据库快速寻找出相应的作者简介、文章发布时间、类似主题文章等内容，结合搜索内容快速完成可视化图谱制作，帮助读者更好地分析想要寻找的文章信息与内容，也为读者带来新的关于阅读内容的思考。

人工智能的应用设计不仅可以提高图书馆的服务效率，而且可以为读者带来更多更智能的信息资源，为读者提供简洁、直观的资讯。

四、读者与管理员

更好地满足读者需求、为读者服务是图书馆建设、发展的重要目的。图书馆的建设需要管理员进行大量的工作。读者与管理员是图书馆建设中最为重要的两项内容，智慧图书馆的建设离不开人，同时，智慧图书馆的建设是为了更好地服务于人。

长期以来，很多图书馆将建设重点放在图书馆藏书资源、设备引进、馆内建设中，但是资源建设与管理提升工作并不是图书馆建设的唯一，读者的挖掘以及管理员的利用打造也可以不断提升图书馆建设的价值。读者是图书馆服务的重要对象，也是图书馆建设的一项隐形资源，读者是流动性的、不稳定的，抓住读者资源是图书馆建设的方向与目标。图书馆是为读者提供读物的，也是为读者提供管理服务的。图书馆的服务并不是仅靠设备就可以完成的，很多工作都需要管理员完成，因此，图书馆服务的好坏与管理员有密不可分的联系。以人为本是当前社会建设的重要内容，以人为本也应是智慧图书馆建设的重要原则。在这一理念下，读者与管理员成为图书馆资源挖掘的最大内容，也是智慧图书馆建设的核心。例如，在图书馆建设前，可以对读者和管理员进行信息咨询，广泛征集读者、管理员的意见，提高图书馆建设成效，建设受读者与管理者喜爱的理想型图书馆。

智慧图书馆的建设并不是一味地追求先进的科技，服务于人始终是智慧图书馆的最佳解释，结合读者与管理者的阅读与管理需求，提高图书馆建设内涵，使得馆内建设可以真正满足大家的需求，这才是智慧图书馆的建设之道，也是智慧图书馆可以保持长久发展的建设方向。

五、智慧服务

智慧图书馆的建设不仅仅体现在科技应用与智能化管理工作中，馆内的服务表现也是智慧图书馆的重要体现。智慧图书馆与一般的图书馆相比，在服务上会有更加富有层次化的服务内容。智慧图书馆可以结合读者的表现进行感知与解析，为读者提供更加精准的需求对接，在读者的需求方面进行精准把握，为读者提供适当的资源服务。在高速发展的信息化社会建设中，服务不仅是效率的体现，也是智慧工作的重要体现。智慧图书馆的服务模式更多在于与读者的沟通交流模式的更新，实现个性与沟通的交互体验，完成智能化的服务流程。

智慧图书馆的建设可以实现较高的管理自动化以及设备自动化水平，在这样的环境中可以有效明确读者需求，针对需要的服务完成指令服务，整合多种信息资源，实现对读者的反馈与分享，形成更高品质的服务内容。在自动化水平较高的智慧图书馆内，不需要读者提出明确的服务信息，图书馆可以结合多种数据资源对读者进行感受分析与需求解读，为读者提供精准服务，并且可以分析出其潜在的资源需求，针对此提供馆内服务。

目前，很多智慧图书馆已经可以将不同的资源信息、不同的图书类型等进行有效连接，通过资源整合，形成系统的资源信息，并使资料在无形的流动空间中完成互通与交换，提高服务效率。智慧图书馆还可以结合不同的读者需求进行使用规划，完成阅读建议等。在信息共享的推动下，提供更多个性化资源的提取，完成信息与知识的互通。

在当前智慧图书馆建设的过程中，读者对于信息资源的检测与提取能力，帮助图书馆在智慧设施的建设中提高效率，读者在使用馆内提供的各种智慧设施的同时，完成自我阅读知识体验构建，形成独立、个性的结构化资讯信息。

六、图书馆的管理

智慧图书馆的智慧建设最为重要的一点在于管理工作的智慧应用，智慧图书馆的人员管理工作、书籍管理工作以及大数据资料的沟通与连接是智慧图书馆的重要管理体现，多向交流的资源沟通是提高管理效率的重要保障，也是提升服务、完成设计目标的重要体现。智慧图书馆将各种信息资源进行整理统筹，结合整个管理信息进行馆内运行管理，并结合数据信息进行周期性调整与修改，提高图书馆的管理效率与质量，提升智慧图书馆的服务质量。

上文提到读者参与馆内建设意见，通过对读者的需求进行整理总结，优化图书馆管理效率，提高大数据信息在图书馆建设中的资源转化，提高对图书馆内容的直观表达。图书馆的管理内容包含书籍管理、馆内流程管理，还包含管理馆内工作人员、图书管理员、相关机构以及相关研究系统的工作人员，将其进行有效连接，为其提供互动沟通的机会，并将反馈内容整理集中，形成制式的管理列表，提高图书馆管理效率。高效系统的信息管理帮助图书馆在建设过程中不断通过资讯的完善提高对读者的了解程度，掌握更多读者信息的同时提供科学有效的公共服务管理，提高制度化设计的科学性。在图书馆的决策管理工作中，利用图书馆的信息资源，进一步提高多个信息生态系统，形成重要的资讯组成部分，将读者、管理人员、信息机构等多方进行内在连接，改变传统图书馆管理工作中单一、被动的决策管理状况。

七、图书馆的工作人员

智慧图书馆是建立在智能管理基础上的图书馆，与新时代信息技术相结合，利用数字化、网络化、智能化的资讯特征，通过互联网技术，将各种具有独立性的文献信息与读者、管理人员等进行互联，将所有的信息串联，实现读者与管理员、前后台的智能连接，实现知识的共享。知识的共享是智慧图书馆的重要建设理念，智慧的图书管理人员是智慧图书馆建设的基础，馆员学会运用智能型的软件进行智能型的资料整理，是打造智慧图书馆的重要形式。图书馆并不是简单的工厂加工，不是流水线的生产基地，是知识的汇集，是信息的互通，是资讯的互换，是完成知识提升的重要场合。图书馆并不是只有几本书、几本杂志，图书馆的信息资源是整个人类社会发展的智慧高度体现，也是整个社会关于知识、理论、法律、道德、经验的集中总结。

对于这些资源的管理者，图书馆的工作人员一定是智慧的管理人员，才能完成智慧图书馆的建设健全。即便在人工智能逐渐取代人工工作的今天，即便是智慧图书馆建设完善的过程中，图书馆的工作人员还是不可取代的。馆员不仅是图书馆日常管理工作的维护者与执行者，还是图书馆发展建设的意见者与引导者，是图书馆日常运行工作的基本保障人员，也是智慧图书馆建设的重要依靠。在当前智慧图书馆的建设完善进程中，高素质、高技能的图书管理人员仍是智慧图书馆建设队伍的重要人员，加强智慧图书馆的建设，需要不断增强图书管理人员的专业素质与高效管理水平，在避免重复性动作的同时，提高图书馆建设的工作效率。

智慧图书馆的建设需要众多载体，包括感知技术、传感技术、人工智能、智慧服务、智慧管理、读者以及图书管理人员等方面的建设提升，积极结合馆内需求，进一步提高智慧图书馆的开发建设。

智慧图书馆的建设不仅需要从技术层面考虑，还需要结合个性化、人文化的服务沟通，以有效、高效的服务管理为读者提供更多综合性的服务体验，在为读者提供更多服务的同时完成情感的关照，提高智能化管理。

第二节　新技术支持下智能型智慧图书馆服务模式

新技术条件下的智能型智慧图书馆服务模式主要依托人工智能技术，物联网、人脸识别、区块链技术支持下的智慧服务模式构成了智慧图书馆的主要服务结构，可支持并配合完成多种智慧服务内容。

一、物联网技术下的智慧图书馆服务模式

1.物联网技术

物联网，被称为信息科技产业的第三次革命，2005年11月，国际电信联盟(ITU)发布《ITU互联网报告2005：物联网》，正式提出物联网的概念。物联网将真实物体与虚拟传感器和网络相连接，所实现的高效便捷的管控一体化管理与服务体系，使其具有远程控制、定位追踪、实时监测、预案管理、决策支持等多种功能，在智能建筑、智能家居、智能

电力、智能物流、智能安防、智慧交通，特别是智慧城市和智慧校园等都有广泛应用。它的整体感知、可靠传输和智能处理特征使其在管理应用中节省了大量的人力和时间，极大地促进工作效率的提升。智慧图书馆是物联网的主要应用方向之一，通过物联网与其他技术，特别是射频识别技术的融合应用，有效实现了图书馆各要素的沟通互联，为智慧图书馆的管理和服务提供了强大的技术支持。

2. 主要服务模式

物联网对智慧图书馆起着技术框架的整体构建作用，主要从整体上影响图书馆管理和服务的方式手段，起着"感、联、知、控"的功能作用。

"感"，类似人的五官。智慧图书馆物联网中分布在各处的传感器、红外设备、定位系统、射频识别装置等，可以实时监控、主动获取馆内图书、人员、环境、设备的位置、状态、轨迹，还可以获取声、电、光、热、磁等信息。

"联"，指通过传感设备和网络实现各部分的广泛联结和联通。各种数据信号在物联网络中可以实现自由传输，实现人、机、物的泛在交流。

"知"，物联网的核心能力即感知能力。这种感知主要通过射频识别技术完成，射频识别技术赋予每本图书一个独有的非重复的识别码，将识别结果传输给控制系统进行感知，控制系统再对感知情况进行分析处理并做出反应。相较传统的被动感知，物联网可以做到对每本图书状态及周围环境的主动识别感知，随时为读者需求和管控需要做好准备。

物联网"感、联、知"所传递和获取的各种信息最终都是为信息管理系统提供决策支持的。"控"即管控，通过物联网对图书状态、读者需求和管理需要的真实掌控，可以使信息管理总系统实现从图书到读者、读者到座位、馆员到图书、馆员到读者间的有效匹配，让馆内各种资源分配和利用更加高效。同时，通过对所获取信息的汇总分析，通过聚类、排行、关联等统计方法，可生成各类图书馆资源利用统计图表，供馆员特别是图书馆的领导了解馆内资源使用状况和读者借阅状况，及时调整图书馆的管理和服务对策，为图书馆的发展提供数据支持。

3. 物联网标识体系下的智慧图书馆构建

第一，随着现代化、信息化的迅猛发展，信息技术早已进入千家万户，以互联网为主要代表的信息技术进入图书馆管理领域，提升了传统图书馆的工作效率和管理效率。在此背景下，通过物联网将传统图书馆已有的电子设备、立体建筑建构、文献书籍和资料、图书管理人员等各方面进行体系化联网建构升级，实现传统图书馆从数字图书馆向智能化、现代化图书馆的转变。智能化图书馆的顺利转型，能更好地为读者提供多元化的服务。本书将以物联网标识体系构建为出发点，阐述物联网概念和相关核心关键技术、中外智能图书馆建设的现实情况和存在的问题，探索物联网标识架构中的智能化建筑模型。智能图书馆在构建体系上以物联网标识为架构技术基础，在建构建筑模型中思考，模型设计要素包含数据信息阶段。物联网标识体系中的数据层就是智能图书馆架构中的大数据分析阶段，物联网标识体系构建中的服务层即为智能图书馆的图书服务阶段。

第二，智能图书馆的信息阶段在设计中有两大主要组成部分，一部分是利用收集的读者数据信息和互联网信息技术下的读者登录辨别身份技术组成的读者识别模块，用于为智慧图书馆提供数据资料信息化支撑。另一部分是充分利用现代化安保系统，通过门禁设置、烟雾报警器预警和及时报警系统的设立，为智慧图书馆进行预警保护的安保模块。

第三，智慧图书馆的数据阶段，在物联网标识体系架构的智慧图书馆构造建筑基础上包括中央服务数据处理器、自动化处理系统等，在智能图书馆架构的所有环节中，数据信息阶段是最关键的环节，是将通过基层感知系统设备收集上来的海量繁杂数据信息，利用信息电子设备，如手机端、计算机电脑端等数据传送端口节点，进行海量数据内容传输、分析、深度开发的信息处理阶段。

第四，为智能图书馆提供基础层次容纳能量技术支持的方法就是建立强大的信息数据库，然后经过云计算中心和大数据信息数据分析中心，经过信息化数据运算分析出读者借阅书籍的时间节点、空间位置、书籍类型，更好地对图书馆数据库中的读者提供系统化管理和针对性智能服务。智能图书馆数据层也具有标识识别科技化服务，在此技术上，读者能够快速通过识别技术寻找到自身想要寻找的读物类型和具体书籍。这项标识识别服务技术的应用，还可以使得智能图书馆工作人员寻找书籍相关的工作量大幅度下降，工作人员可以将工作重心从机械寻书中解脱出来，有更多的时间为读者提供个性化的、智慧型服务。自动化、现代化的信息化综合管理系统的建立及完善在很大程度上减轻了图书馆工作人员的工作负担，从图书编排设计到分类别线上线下上架都充分应用了自动管理系统，能使智能图书馆为读者提供更广阔的学习空间，节省读者寻找书籍、甄选书籍的时间，让读者在自动化、现代化的空间中较为高效地阅读和学习。

智慧图书馆服务阶段即为第三层次的服务环节。智慧效果的呈现关键就在这个阶段，根据数据信息库中的读者识别来辨认读者身份，用其身份数据进行分析，为单一读者或不同读者精准投放具有针对性的读书智能导航和可视化信息查询服务。读者和智慧图书馆的交流沟通是智慧的沟通，读者不仅与工作人员交流，而且以信息数据化体系为支撑，与图书馆中的信息产品达成数据信息的沟通。智慧机器设备可以为读者提供相关的智慧服务，在一定程度上从数据库中分析出读者所需要的信息流和数据参数。对读者精准定位，在实际操作中，方便读者借助定位数据快速找到自己需要的书籍资料。定位系统和虚拟现实在导航上的应用，使得读者通过手机客户端就能够自主寻找到所需的文献资料。系统还可以通过语音播报及时提醒读者的位置偏离，大大提高读者精确找到自己所需的书籍的效率。图书馆架构书目种类繁多，服务层要提供自检功能，自动检查故障模块和自查功能的嵌入，大幅度缩减了人力检修故障的工作成本，其中，自检功能的预警模块做到了防患于未然。

4. 优势

首先，物联网在图书管理系统中的应用使管理者和图书资源都不再是被动地接收信息和接受管理，服务模式更具主动性。信息的主动获取和传输，使图书资源可以自主向管理系统发送信号，管理系统也可以实时获取图书状态，做到双向互动、主动连接，提高管理和服务的准确性和及时性。

其次，物联网的应用使图书馆服务由线性模式向网状模式转变。传统图书馆的管理和服务结构主要是各要素间的单线交流，中间主要通过信息管理系统进行传递和控制，管理和服务效果主要由信息管理系统的功能和运行能力决定，操控的主动权也主要集中在管理者手中，资源和读者更多的只能被动接受管理和匹配。物联网技术应用在图书馆中，将资源、读者、设备、建筑、馆员和领导等图书馆要素联结为统一的网状体系，各要素可以在物联网络中自由开展信息交换和交流，读者可以自主获取图书信息，图书也可以"主动"找到适合的读者，读者之间也可以直接进行图书交换和信息交流，并且可以直接参与到图书预定、采购、宣传等各个环节，共享优势增强。

最后，在物联网作用下的图书馆模式更易开展深层次的管理和服务。在这种网状服务模式中，各要素间进行着频繁的双向交流，产生大量的信息和数据，在这种模式中，信息管理系统更像是一个集成的信息处理中心，获取、传递、处理来自各方的信息并及时进行反馈，数据抓取和数据挖掘技术为管理者在大数据中筛选重组有价值的信息，帮助管理者主动掌握读者阅读行为，主动了解读者阅读需求，便于提供更具个性化和精准度的读者服务以及相关服务的开展和创新。

5. 存在的问题

图书馆文献资源量巨大，给每一本图书安装传感器虽然对智慧服务有很大的促进作用，但成本较高，因此，在智慧图书馆建设初期需要较大的资金投入。传感器的稳定状态和运行情况对智慧服务的实现程度有较大影响，因此对整套传感器的运行维护需要一定的人员、技术和成本支持。物联网实现了各要素间物理上的互联互通，但整合协调作用的发挥还要依靠一定的软件应用支持，并且物联网所传递的信息中包含了大量的读者个人数据，所以如何在开发应用化程度高、稳定性强的系统软件的同时更好地保护读者隐私，是物联网在智慧图书馆发展和服务模式应用中需要重点关注的问题。

6. 启示

第一，智能图书馆的构建者要在智慧图书馆设计模型中对读者进行具体的专业分析，利用物联网技术支撑，了解读者的借阅风格和精准需求。只有这样，才能对图书馆的设计提供具有针对性的方案依据和引导方向。构建智能型智慧图书馆，其主要使用者是以读者为主的读者群体，读者偏好和借阅信息数据收集是必需的，收集的数据可以更好地服务于了解读者、服务读者。了解读者需求在一定程度上也就了解了需要构建怎样类型、怎样风格的智慧图书馆。收集读者对图书馆的具体需要的数据信息，对于基于物联网下的智能图书馆架构有着很重要的意义，对构建的图书馆是否满足读者需求，是否让读者拥有良好的读者体验，是智能图书馆信息层、服务层最为重要的设计参考点。

第二，智能图书馆的设计要注重创设情境这一模块，好的情景设计能够促进读者的阅读兴趣，培养读者的学习热情。基于物联网的智能图书馆构建模型中，要关注读者阅读活动中的状态，注重能够让读者快速沉浸的阅读氛围的情景创设，放松读者心态，将舒适的阅读体验设计融入智慧图书馆模型构建设计之中，促进全民阅读下的智能型智慧图书馆长期有效发展。

第三，基于物联网的智能型智慧图书馆设计模型中要具备能够在手机客户上进行互动的设计内容。如在官方数字共享平台上，读者可以通过留言、论坛等功能进行人际信息沟通。在互动设计中不仅要设计人与人、设备与设备的信息流转，还要设计人与设备的人机互动，提高读者查阅效率和阅读积极性。

二、人脸识别技术下的智慧图书馆服务模式

1. 人脸识别技术

人脸识别，也称面部识别、人像识别，是计算机技术和生物技术融合应用的一项重要成果，是基于人脸部特征的一项生物特征识别技术。人脸识别通常分为三个部分，第一部分为人脸检测，即在复杂动态的环境中通过数据样本或结构特征快速判断是否有人的脸部特征存在，进而分离出存在的面像；第二部分为人脸跟踪，即对检测到的动态面像持续采集其位置、大小、距离等信息；第三部分为人脸比对，即对采集到的面像与提前输入的库存面像做比对，根据相似度找出最佳匹配对象。相比指纹等其他生物识别技术，人脸识别技术具有非接触、易获取、速度快、安全度高等特点，因此被广泛用于公安、银行、企业、住宅等的安全领域，作为身份识别的主要方式。目前也逐渐用于公共图书馆、高校图书馆的门禁系统、借阅系统、预约系统，极大地提高了图书馆的智能化程度。

2. 主要服务模式

人脸识别技术在智慧图书馆中主要应用于对读者身份的识别，相较传统的校园卡或读者卡识别方式更加方便快捷，有利于提高图书馆服务的安全性和精准性。人脸识别技术用于图书馆门禁系统，可自动识别到馆读者的身份信息与读者库中的信息是否相符，严格控制进馆人员，避免了因校园卡丢失或外借造成的身份冒用现象，保障读者身份的真实性和有效性。相比指纹识别系统更加干净卫生、方便快捷、准确率高。据

统计，人脸识别技术的准确率高达97%~99%，也使入馆量、入馆频次等读者的相关数据统计更加精准有效。此外，人脸识别的速度更加快捷，据统计，人脸识别平均每秒可进行比对10亿次，识别速度仅需0.001秒，这种快速识别可有效解决图书馆读者入馆高峰期的拥堵现象，提高服务质量和效率。

人脸识别技术用于图书借阅系统，使读者不需携带校园卡或读者卡就可以随时入馆借阅图书，提高了图书借阅的便捷性，一定程度上可以提高馆内文献资源的利用率。利用人脸识别技术还可避免因互借借书卡以及借书卡丢失造成的图书超期未归还以及图书丢失现象，在一定程度上解决了馆内图书的缺失和孤本现象。同时，在图书馆网站和手机客户端上同步开通人脸识别功能，让读者在家就可以完成一些操作，体现图书馆服务的跨时空特征。

人脸识别技术用于座位预约系统，通过系统间的互联互通，实时监控和追踪图书馆座位的使用状况以及每个座位上的读者信息，可以查看不同时间段整个图书馆内的座位利用率，有利于对图书馆内的座位数及各楼层座位的分布做出合理调整。通过与手机客户端的互联，读者可随时随地了解图书馆内的座位空余情况，提前计划到馆阅读学习的时间，并在手机上完成座位预约，避免入馆高峰期造成的"抢座位"现象，同时可节省找座位的时间，读者入馆后可根据座位分布图直接找到预约位置或空余位置开始阅读。人脸识别技术用于座位预约系统，主要实现了位置信息与读者信息的一一对应，有利于建立座位预约的诚信体制，解决因提前预约而到时不使用的"占座位"情况，避免座位资源的浪费。

3. 优势

近年来，人脸识别技术在各领域的广泛应用以及替代传统磁卡识别技术在图书馆的运用兴起，一方面源自它本身所具有的高安全性和快识别性。它克服了磁卡识别、指纹识别等方式易丢失、易损坏、易伪造等缺点，利用人脸结构的独特性和稳定性达到高安全性的识别。人脸识别的非接触性特征，使读者不需额外操作，在不经意间即可完成身份验证，过程方便快速、自然流畅。另一方面人脸识别与图书馆其他技术设备的融合应用衍生和简化了一些其他的服务内容，除上面提到的门禁、借阅和预约功能，还可进行更为精准化的信息推送及数据分析。

4. 存在的问题

要使人脸识别技术在智慧图书馆中充分发挥作用，还需要解决一些现实问题。

首先，人脸识别是一套包含计算机、摄像头等在内的系统设备，其配置、使用和维护的成本相较传统识别系统要更高一些，也对技术人员提出了更高的要求。

其次，人脸识别技术对光线的要求较高，在安装和使用过程中可能需要对周围环境做出一定的调整。

再次，人脸识别技术其他辅助功能的实现需要对接和配合射频识别技术、自助借还机、馆员工作站等其他系统来完成，对图书馆信息管理系统的整体协调配合能力和系统性能的稳定性都提出了更高要求。

三、区块链技术下的智慧图书馆服务模式

1. 区块链技术

2014年，随着"区块链2.0"的提出和信息技术的开发升级，区块链逐渐突破金融范畴，在更多领域得以运用。区块链实质上是一个去中心化的共享数据库，它将数据区块按时间顺序相连，组成一种链式数据结构，并运用密码学方式加以保护，使存储在其中的数据和信息具有不可伪造性，创造了坚实的信任基础和可靠的合作机制。分布式账本技术使区块链上的每一个节点都可以存储完整数据，但又不可单独记录账本数据，有效防止了数据篡改和丢失。非对称加密需要公开密钥和私有密钥两个密钥来进行加密和解密。区块链上存储的交易信息是公开的，但账户身份信息是高度加密的，只有在数据拥有者授权的情况下才能访问，保证了数据安全和个人隐私。记账节点之间的共识机制是保证数据真实可信的有效手段，在区块链的众多节点中，只有控制了超过51%的节点才能修改一条数据，防篡改性强。智能合约技术通过对数据提前制定规则和条款，使其一旦达到预先设置条件便可自动执行相应操作，提高了标准化工作的自动化能力。

区块链的技术特点使其具有去中心化、开放性、独立性、安全性和匿名性特征，在金融、保险、公共服务领域都有广泛应用，也包括走向智慧化的各类图书馆。区块链有效解决了资源共享和分布式管理间的关系，为图书馆管理和服务的开展提供了新的技术模式。

2. 主要服务模式

随着转型发展进程的加快，图书馆的资源总量逐渐增大，服务职能逐渐增多，尤其是电子资源量的增多和智慧服务的加深对馆员能力和技术设备都提出了更高要求，随之而来的资源分配问题、数据安全问题、读者隐私问题给图书馆发展提出了更大挑战。随着共享经济向聚合经济转变，资源发展优势易向行业龙头集中，一定程度上会阻碍中小图书馆的发展。将区块链技术用于图书馆领域，它的去中心化和高安全性特征可以有效防止这些问题的发生，有利于在资源种类多、数据传递快、读者交互频繁的现实状况下，营造一种良性的信任机制和安全环境，从技术角度促进智慧服务模式的构建。

首先，区块链技术的应用有利于馆藏资源的安全存储以及图书馆资源建设的开放与共享。通过区块链技术对馆藏资源和读者数据进行分布式存储与处理，使图书馆为读者所提供的各种数字化产品与服务以及读者交互所产生的信息可以实现双重加密与双向认证，在资源和读者之间构建起安全的信息通道。安全的信息环境使各机构组织和部门可以放心交流共享包括教材、讲义、课件、报告、论文等在内的各类文献资源，构建图书馆特色文献资源库。

其次，区块链的防篡改和可追溯特性可以有效保护读者隐私和知识产权，区块链的去中心化特征，有利于弱化某个图书馆或某个部门的集权性，在区块链技术的支持下，任何组织部门包括读者都可加入图书馆资源建设和资源共享中，聚集群体智慧。

最后，区块链技术还可以促进图书馆阅读推广活动的开展效果和后期交流。在区块链技术的支持下，每个读者都是阅读系统中的一个节点，可独立分享活动心得和阅读感受，寻找学习小组和交流群体，充实活动内容，使阅读推广活动取得持续性效果，拓展和延长服务内容和期限。

3. 优势

区块链自身的技术优势和特征可以应对图书馆服务在内容、形式、渠道上的复杂性和多样性，优化图书馆服务模式，以其独特的数据写入和存储方式改变传统的资源管理和使用方式。通过对图书、数据库、计算机、阅览器等资产采购、安装、使用、外借、归还全过程的数据记录，每项资产都拥有自己独立的使用管理数据链条，通过数据链可以实现对资产的溯源功能，查询图书详细信息和设备使用状态，使资产管理和清查变得更加简单清晰。相应的，读者和馆员在使用图书馆过程中也会留下各种行为信息，信息管理系统可实时获取馆员工作信息和读者阅读状态，馆员和读者各自间和相互间也可以形成有效监督，通过对行为数据的收集和分析可以提前做出预判，有利于决策层及时调整管理策略。

在服务上，区块链可以分布式存储读者的学习数据，并可进行数据的云端存储和跨区域调取，形成读者阅读档案。读者自身可以随时记录、修改、删除阅读信息，但他人未经许可，不得随意篡改，确保数据真实有效。通过这些读者数据，图书馆可以准确了解一定时期内的入馆率、借阅率、座位使用率等内容，还可精确了解某位读者的阅读喜好、阅读需求和阅读满意度，可针对个人开展精准化的阅读服务和阅读辅导。

4. 存在的问题

目前，对于区块链在智慧图书馆中的应用研究大多还处于理论阶段。虽然区块链技术拥有诸多优势，但在智慧图书馆转型发展初期，具体应用实例较少，还有一些问题有待解决。例如，区块链技术在图书馆应用的相关标准还未形成，与其他技术的对接和融合应用还缺乏经验基础；在精准获取读者数据提升服务质量和有效保护读者隐私间如何获取平衡，取得效果最大化，还需进一步探索；馆员技能的提升以及相关法律法规和监管措施的制定也是需要重点关注的问题。

第三节　新技术支持下知识型智慧图书馆服务模式

新技术条件下知识型智慧图书馆的服务模式主要从资源角度优化图书馆服务内容，知识是经过深层次加工所形成的信息资源，通过对知识的挖掘和关联所形成的知识产品和服务有更好的利用价值和增值效果，是如今提升图书馆信息服务质量和水平的重要方式。

一、知识挖掘技术下知识型智慧图书馆服务模式

1. 知识挖掘技术

在互联网技术大范围普及、大范围应用的背景下，信息正在呈指数增长，庞大的信息量在供人阅览和选择时，也给人们有效筛选所需要的信息造成了不小的困扰，只依靠人力去找到符合要求的信息，无疑是巨大的挑战，所以才会产生"数据冗余""信息爆炸"等问题。这些问

题也在随着信息数量的与日俱增变得越来越严峻，已经到了必要干预、必须解决的地步。信息的开放性让人们对信息有了更多的操作权，人们可以结合自己的喜好、需求有意识地加工，将旧信息转变为新信息，抑或将无用信息转变为有用信息。这些信息也可以进行新一轮的传播和共享，信息内容便可大大丰富起来。该背景下，与信息有关的新概念开始涌现，如"知识挖掘""数据挖掘""知识发现"等。这些新概念迅速火遍学术界，致使不少专家学者纷纷对其展开研究，侧重于研究新概念内涵及相互之间的关系，为这些新概念的传播奠定了坚实的基础。

在当前时代，知识、信息和数据之间已经产生了必然联系，而它们之间的差别主要体现在加工程度上。其中，数据是较为原始的数字材料，信息经过加工会形成具有逻辑性的数字结果，用数字来充分说明内容，也是这类信息价值的主要体现。知识则是在深度加工基础上产生的有效信息，有较强的实用性。信息和知识与数据不同的是，它们除了可以作为加工处理的原材料，还可以被看作处理之后的成果或产物，运用多样化方法对它们进行处理，包括分析、加工、整合、剔除等，这些都可被视为"发现"和"挖掘"的过程。所以，知识挖掘可以这样理解，即从数据信息中摘选、剔除出有效的、有用的、能被直接理解的内容的整个过程。这项操作一直都存在，直至今日，知识挖掘工作依旧没有停下，且挖掘手段更加高超，挖掘技术更为先进，知识产生成效比以往更高，信息处理能力是往日所不能企及的高度，知识挖掘水平正在朝着更理想的方向不断提升着，足可见知识挖掘方面发展空间有多大。

当前，知识挖掘正在融入各个领域，包括金融投资、医药卫生、教学科研等，正在集中显现它的功效和影响。在图书馆这一文化产业集中地，更是将其优势展现得淋漓尽致，这对新时期图书馆的发展起到重要且积极的作用，今后也将是图书馆发展战略中的重要一环。

2. 主要模式

深层次信息服务会更多地服务于精准信息需求，知识挖掘主要协助读者搜索图书类目，展开更具个性化、针对性的文献资源服务，切实保障读者在短时间内找到喜爱的书籍。值得一提的是，在开展文献资源服务的过程中，运用到了多种方法，包括决策树、神经元网络等，通过确定应用领域、建立目标数据集、选定算法、数据预处理、更新知识库等步骤，完成对知识的提炼、筛选、重组、整合等过程。

读者之所以阅览图书馆中的图书，是因为本身带有阅读需求，不同读者的阅读需求存在较大差异，主要有通过语言和行为表达出来的准确需求和模糊需求，也包含没有表达出来或意识到的潜在需求，因为存在这些需求，所以读者对阅读过程充满兴趣。涉及读者服务的知识挖掘，主要通过对检索要求进行分析，判定和明确读者的显性阅读需求，也会尝试判定读者的隐性阅读需求，只有将两种需求进行判定和总结，才可以向读者推送、推荐更符合读者"胃口"的书籍类目，从而满足读者的阅读需求。一般来说，知识挖掘会完善检索内容，为读者提供与其检索内容相关、相似的书籍，尽可能找出更贴合其阅读喜好的书籍，还可以借此机会为不同读者建立不同的知识库，及时推送最新资源和热门信息，在提高读者信息获取便捷度的基础上，促进知识交流，推动图书馆特色资源库的建立和完成，间接提升图书馆对读者需求的认知和把握，在知己知彼的前提下实现科学发展。

知识库的建立还有一重好处，那就是可以帮助图书馆开展新型参考咨询服务，加上人工智能的协助，会消除以往人工咨询服务的各项弊端，包括咨询服务质量差、咨询问题处理效率低等，可以在短时间内回应不同读者的基础性问题，即使相同的问题反复问、多人问，也不用担心读者服务质量受到影响，较大程度地节约了咨询成本，同时间接达成了对读者的服务目标。此外，该项咨询不受读者数量的影响，会为每一位有需要的读者提供服务，从而减少读者的等待时间。

知识挖掘技术的出现是图书馆进步的一大体现，可以对读者的需求有更清晰的认知和更全面的把握，也可以结合读者阅读需求将图书资源合理划分和应用，切实将图书馆资源灵活、充分地应用起来，体现了图书资源的最大价值。读者可以在短时间内通过检索搜寻到自己喜爱的书籍，可以明确借阅对象，让读者感受到贴心的、人性化的服务。当然，图书馆需要定期且及时更新知识库，还要通过了解读者的阅读需求而有意识地及时地购入新书籍，可有针对性地开展阅读推广活动；可配置相应的阅读指导，进一步激发读者的读书热情和积极性，积极提高其自身素养；可为读者营造安静、惬意且温馨的读书环境，让读者心满意足并乐在其中。

3. 优势

知识挖掘技术是信息骤增、信息冗余、信息无序化等问题涌现和问题不断严峻背景下的新兴产物，在消除和缓解信息冗余、信息无序化等问题的过程中，在积极减少读者信息搜索时间和信息获取时间，可以快速摘选出有效信息推送给读者，为读者节省出了不少的阅读时间，阅读效率、学习和工作效率都将得到显著提升。对于当前的图书馆，了解读者的阅读需求是非常必要且重要的，只有全面把握读者的阅读需求，才可以更好地满足读者需求，这对指导图书馆的文献资源建设和日常服务开展，具有重要的现实意义。还可以为阅读推广活动的开展提供有效参考和强有力的保障。

另外，了解与把握读者阅读需求，可以促进各个群体间开展交流与互动，也可以形成各类交流小组，可单独或集体开展俱乐部、论坛、演讲等活动，加强读者与图书馆的联系，加强读者与读者之间的交流，形成浓郁的读书氛围，切实在讨论与交流中升华读书感受、读书内涵、读书涵养，这会让读者群体受益匪浅。

4.存在的问题

美中不足的是，知识挖掘所带有的特征，可能会引出一系列法律问题和技术问题，所以需要小心、谨慎、严谨和规范。知识挖掘技术也有它的前提，即精准感知读者的阅读状态，全面获取读者的阅读数据，这对图书馆的管理提出了更严苛的要求，也是目前图书馆面临的不小挑战。

如同以上所言，当前各类前沿、高端技术先后入驻图书馆，但是这些技术还未实现成熟、有效的应用，还需要一个长期探索的过程，也需要在大胆探索中积累经验。要想真正发挥知识挖掘的作用和效果，便要依托稳定的技术系统和多样技术的科学搭配、合作，要不遗余力地提升信息管理系统的综合管理能力，这也是一项必须完成的任务。

知识挖掘主要通过整理、分析读者的各种行为探知其阅读习惯、阅读喜好等情况，也要间接参透读者的阅读趋势，可让图书馆工作人员结合趋势走向提前做好应对工作。这是基于读者个人行为的挖掘分析从而达到对某个人学习生活情况的精准预测，可能会提前获悉读者个人的学习计划、工作目标等，极易触碰读者的隐私和底线，所以，知识挖掘技术好处固然很多，但是也要在法律规定的范围内合理应用，切不可将损害读者权益作为应用的前提，这一问题需要我们重点关注。

二、关联性学习技术下的智慧图书馆服务模式

1. 关联性学习技术

在大数据、物联网、区块链、人工智能等技术诞生和应用的过程中，数字化时代已经悄然到来，加速了数字资源的产生速度。数字资源在慢慢走进人们的生活，给人们带来较大影响之余，也在潜移默化地改变人们的学习方式、工作方式和娱乐方式。很显然，过去的纸质化阅读方式、经验传授的学习方式已经不能满足当前人们的阅读需要了，因为这些阅读方式已经有些滞后了，会消耗读者更多的成本，包括时间成本、精力成本、出行成本等。在科技高速发展的当下，急需变革读书方面的方式方法，从而较好地迎合知识量增多、信息量增多、信息多样化的时代。

传统认知理论认为知识客观存在，被视为检验无误、可以影响人们行为的存在，而学习便是获取知识并将知识转变为自己的东西的过程，通常会认为学习是学习者的固有行为，与学习者与知识线性交流的一种模式。这种模式存在了较长一段时间，直到外部环境发生翻天覆地的变化。当前，知识类型、知识内容、知识量都在成倍增加，知识结构的变化尤为巨大，知识间的独立存在现状正在被打破，知识间的联系性越来越强，这也是学习网格化现象出现、学习互动性加强的重要原因。在该

视域下，关联性学习的概念随之被引出。这一概念肯定了知识间具有关联性的这种事实，也认为知识不该孤立存在，不该被单一对待，我们需要找出知识间的关联并阐明其关系，建立具有关联性的知识网络，实现更系统的认知与学习。当前的科技时代，为我们构建这样庞大的知识网络体系提供了有利条件。值得一提的是，关联性学习这一新兴概念，也指出学习不应当仅仅是个人的内在活动，还需要涉及整个组织和学习体系的更多内容，对于学习我们需要做全新的解读，切实让学习顺应时代潮流，也邀请更多的主体参与，这样才会实现共同学习、共同交流，个体与个体之间的交流、互动才会愈加频繁和高效，就可以形成相互影响、相互促进的良性学习格局，学习的广度和深度就可以得到延展，获取的知识、感受、体会、心得也会比以往更多。

关联性学习突出和强调知识学习的网络性、系统性、互动性和关联性，在各个教研层面，都是一种可取的新型学习方式，对图书馆而言，则要基于关联性学习理念，借助先进的科学技术和专业信息服务，为读者提供学习各领域知识的条件并给予相应辅导，营造出积极学习、深层次阅读的良好氛围，竭尽所能构建关联性学习的内、外部环境，可给予读者软、硬件支持，让智慧化特点在图书馆的服务中得以彰显，从而打造真正意义上的智慧图书馆。

2. 主要服务模式

关联性学习是站在知识架构角度革新的学习方式，它强调知识相互间存在关联，此外，强调学习者与知识间也存在关联。

所以，图书馆正在竭力通过知识间的交叉构建关联性框架，也正在尝试利用图谱将各种关系形象地表现出来，以便让知识与知识的关系和相互间影响更加突出，让情报机构存在的价值展现得淋漓尽致，这无疑是一项艰巨的任务。知识与知识一直存在联系，只是有些关联藏匿较深，并不为人所知。关联性框架也指知识之间所形成的具有参考价值的相互关系，这种关系主要由某一依据进行连接，如知识结构、知识类型、知识载体、知识作者等，产生关联后，就可形成相互交错、相互作用和影响的关系网，这种关系网具备一定的广度和深度，可以采用知识图谱将这种关系可视化。这是一种新颖且有效的手段，这类图谱中包含多项元素，如图形、数字、符号等，会基于计算、共享、聚类等方法酌情体现，让知识与知识间的关联更清晰、更准确，也会借助图表的形式彰显某个知识领域的整体架构、核心精神、发展历程等内容，达到一定的解读目的。图书馆正是借助这种理念和方法为读者提供丰富多彩的文献资源，于新时期成功升级情报机构，致使情报分析工具和经验更具有效性，好处是可以让读者更直观、形象、全面地掌握知识内容，从而达到快速检索文献资源的目的，可以及早阅览到所需要的资料内容，为读者提供更为显著的协助和帮助，读者的阅读效率和学习效率都可以得到较大幅度提升。此外，图书馆也在通过各种渠道与读者建立有效交流、互动渠道，包括研讨室、阅读推广活动、书友会、知识库等，了解读者阅读兴趣、读者阅读难题、读者对图书馆服务的认可度等，拉近读者与图书馆的距离，增强读者对图书馆的喜爱与依赖，也提升图书馆在读者心目中的地位。这是图书馆长远发展的重要前提。为了与读者更有效、更和谐地交流，图书馆要为读者提供探讨读书心得的场所，更要在完善线下交流渠道的过程中，开辟出线上交流渠道，及早在微信、微博、抖音等平台建立账号与发布重要信息，与读者实现便捷交流，打破空间、时间等方面的束缚，可在线上积极开展学术论坛活动、读者研讨活动、专家讲座活动等，鼓动读者积极参与其中，关注读者的心声与感受，切实形成广泛的读书活动。增强线上平台读书、品书氛围，在交流中激发群体智慧和创造力，在社会环境中形成有益大众的智慧服务模式，让广大人民群众受提高学识、提升境界，也利于推动和谐社会的快速形成。

3. 优势

关联性学习是伴随社会发展而出现的新兴产物，它的出现打破了单一的线性知识获取模式，带动了知识的快速流动、快速融合，并构建出一个庞大且丰富的知识体系，将知识与知识间的关系梳理和认知得更精准、更透彻，可以基于学习者之间的知识需求构建出交流网，让原有的个体学习、独立学习转变为集体组织学习和合作学习，增强读者的学习能力和学习效率，让知识信息可以得到最大化应用。读者不仅可以自行搜索图书类目、图书内容，还可以将图书及相关内容向身边人推荐，抑或通过线上平台向更多读者推荐和分享，增强读者群体的交互性。

关联性学习的优势不仅仅体现在一个方面，还可以在一定程度上促进图书馆内部人员的业务水平提升，工作能力也会有较大程度的提升，这与图书馆智慧化发展不断加快脱不开关系。图书馆内部人员不得不结合图书馆发展形势学习与进步，同时，也是智慧化图书馆出于发展需要加快人才建设的具体表现。

4. 存在的问题

就目前的情况来看，想要实现关联性学习模式，还存在一定的难度，难点主要集中在关联性技术的有效发挥方面，这将是今后主攻的方向。

首先，知识关联网络化形成要具备一个前提，那就是将图书馆内的各类文献资源全部整理并生成电子化、数字化、网络化信息。这是一项巨大的工程，需要投入较大的人力、物力、财力，对于图书馆而言，是一个较大的挑战。

其次，要获取专业性的知识处理工具和软件参与其中，图书管理员要具备使用工具和软件的操作能力，图书管理员的综合素养在其中起到至关重要的作用，由此便可为读者提供便捷性的读书服务，也对知识关联和知识图谱的形成具有深远意义。

这一系列目标与追求，对当前图书馆的智慧文献建设、智能设备升级、智慧管理员能力提升提出了更高要求，需要图书馆协同做好这几件事，方可让图书馆更具智慧发展潜力和动力。

三、微服务技术下的智慧图书馆服务模式

1. 微服务技术

其一，微服务是服务准架构（SOA）的一个子集，与服务准架构相比，微服务在扩展性、实践操作性和灵动性方面更有优势，其在调试、设立、运营等信息软件架构上强调其独特性，在业务、组织管理和技术支持等方面，更加符合当今互联网的发展，有其不可比拟的优势，为智能图书馆的建构提供技术支撑。微服务背景下智能图书馆的模型设计有6个主体设计模块，分别是基础模块、管理模块、数据模块、服务模块、应用模块、保障机制模块。基础模块就是底层支撑。数据模块即图书馆的整个数据处理基础中心。应用系统的组织和各种系统的管理即管理模

块。应用模块是包括整个图书馆各种业务的应用的管理内容。服务模块则利用微信、个人计算机等多元化形式实现数据信息的推送。保障机制模块包含建设、安全和管理三大关键环节。

其二，基础模块包含操作系统、无线网、计算机、收集终端、数据库和通信系统等几大部分。它们构成了所有系统体系构建的基础保障，是将共享化云端与私有化云端技术相融合的整个系统的有力建设支撑和技术支持，为后续收集读者信息数据提供了基础，是智慧图书馆的大脑。数据层掌握着整个系统的信息数据库，是整个智慧图书馆的关键核心。数字化数据资源由外来和自建两部分数据组成，读者的阅读偏好、习惯和相关数据就储存在这里。数据化和纸质化资源是智慧图书馆的脑容量。管理层主要管理多种应用系统，是整个系统的关键模块，包含原始数据整合、纸质资源对接、数据统计分析、电子化资源把控、读者各项信息分析等内容的应用管理是管理模块的主要工作。其中，微服务管理平台是最重要的，是智慧图书馆的核心，所有微应用都是通过管理平台进行把控。应用模块主要是图书馆业务办理，提供高效便捷的读者应用服务，促进第三方智慧应用的更新换代。服务模块利用数据资源推送平台为读者提供的专业服务，满足不同读者的需求，其模式包含微信公众号、微博及个人计算机端口等，能够及时将图书馆的信息精准推送给对标读者，通过数据库服务于不同读者。保障机制模块采用配套的保障设备，基于微服务系统高效保护智慧图书馆，促进图书馆在平稳健康的环境中迅猛发展。保障机制对其各个模块都有对应的保护机制，有效保护整个系统的智能图书馆。

2.读者体验与图书馆建设的双方因素分析

利用对基于物联网的智慧图书馆架构和基于微服务的智慧图书馆架构研究的比较、分析、归纳，我们可以得出图书馆设计主要包括管理、服务、资源、读者需求、馆员及技术几大部分。

首先，通过分析研究读者数据体验模型，读者需要和产品目标是战略模块的关键；内容功能和规格说明是范围模块；通过信息设计、界面和导航呈现的框架层以及视觉设计的表现模块都是读者体验要素模型设计的重要组成部分。随着读者体验的各种应用在信息化设计中开发，读者体验模型与网站构建的关系越发密切，这也说明，读者体验模型设计是适应一般技术信息化产品构建设计的。

其次，图书馆的设计灵魂是读者，所以其设计主要内容必然将读者体验纳入其中。读者是智慧图书馆服务的最终对标目标，图书馆的建设目标、服务需求、产品需求在一定意义上就是读者的资源目标、读者需求。智慧图书馆的新技术和产品架构是结构模块的基础，交互环节也是依照读者偏好习惯交互的选择。总之，智慧图书馆的构建设计要完美契合读者体验模型设计主要组成因素，只有将基于读者体验评价为理念的构建模式落实，才能将图书馆的各方各面融入读者需求，才能更加高效地构建基于读者体验背景下的智慧图书馆模型。

3.不足与启示

基于微服务的智能图书馆系统架构研究的不足与启示主要体现在以下几方面。

第一，基于微服务的智慧图书馆建构促进图书馆软实力与硬实力的共同发展，重视管理、安全、建设机制的研究对于智慧图书馆有重要意义，三机制的思维构建体系就是微服务建构的基础，所以在智慧图书馆模型设计构建过程中要参考这三部分数据，提升读者在图书馆中的多方面体验满意度。

第二，智慧图书馆的设计要关注馆员参与服务和基础管理建设实施的过程，基于微服务的图书馆系统建构以管理模块为主，馆员是管理模块的负责人，所以在图书馆的设计过程中，要注重其具体需求和设计建议。

第三，构建智慧图书馆的过程中，除了基于微服务思维技术支撑，优秀的图书馆的构建完善还离不开馆员及技术人员的团结协作。优秀的图书馆构建必须组建一个优秀而专业的建设团队，包括经验丰富的馆员及专业信息技术人员，团队的建立保持持续发展的理念，能够完善整个系统的生长架构。

第四，读者的评价对基于微服务的智慧图书馆具有重要意义。读者对各环节的评估、体验评价以及信息的反馈，都将推动智慧图书馆的发展和完善。

第四节　新技术支持下人文型智慧图书馆服务模式

　　读者需求始终是图书馆开展服务的核心依据，需求型智慧图书馆服务模式从读者阅读需求出发，通过读者行为分析技术和读者交互技术，分析研究读者阅读习惯趋势，为读者提供个性化定制服务，优化服务模式，提高智慧化程度。

一、读者行为分析技术下的智慧图书馆服务模式

1.读者行为分析技术

　　读者行为分析最早出现在网站平台领域，主要用于技术改进和服务升级两个方面，主要通过探查读者软件登录及使用情况，来摸清读者使用的规律和趋势，主要探查的是读者登录、使用中产生的各种数据，包括使用习惯、次数、时间、位置等，然后借助这一系列发现挖掘软件运行中的漏洞和不足，从而做具有针对性的修正、优化和升级。探查真实

131

读者使用数据并做行为分析的结果，对全面认知机构和产品起到尤为关键的作用，也可视为升级服务内容的重要参考，正因如此，才使得读者行为分析技术被广泛应用、频繁使用，获得了诸多行业的认可与支持。在图书馆的读者行为分析中，主要借助一系列设备采集的数据来剖析读者阅读习惯、阅读喜好等内容，会用到的设备包括传感器、摄像头、门禁系统、网站平台、检索系统等，分析的数据包括图书借阅数据情况、线上阅读数量、读者阅读时间等，就此探查不同时期的读者阅读需要、阅读习惯、阅读喜好、阅读体验等。只有对读者的读书情况进行全面了解，才可以优化图书馆布局、服务结构，从而提升服务质量并增强读者阅读中的愉悦性、舒适性和满意度，这会为智慧图书馆的建设提供较大支持。

2. 主要服务模式

读者行为分析技术很早便出现了，也较早引入图书馆运营工作中，只是过往的读者行为分析方式较为单一，也较为简单，搜集和分析的数据主要是读者入馆时长、入馆次数、入馆频率等，也会酌情分析单本图书的借阅次数、单个读者的借书次数等数据，用这些可以轻松查询到的数据来分析读者喜好、入馆高峰期、热门图书等，从而对决策和指导图书馆购书和管理工作起到积极的推进作用。不难看出，以往图书馆对读者的行为分析较为简单，并不能有效提升数据分析的精准度，容易造成误判。在图书馆智能化水平逐步提升的背景之下，读者行为分析技术水平及分析成果质量都在显著提升，应用的技术和设备更加先进、高端，也可以协助图书管理员采集到更丰富的数据，为读者行为分析结果的真实性和准确性提供较强的辅助。与此同时，数据采集过程更便捷、更轻松、更准确，也可用于预测今后图书借阅趋势、读者来馆趋势等，从而及早结合这些分析数据做好工作的安排和部署，从而更利于满足读者的各项阅读需求，图书馆服务质量会逐步得到提升。当前，图书馆会花费较大精力运用行为分析技术构建读者的画像，旨在达到提升智慧化水平的目的，已经有些图书馆收到了良好成效。

3.优势

图书馆引入和应用读者行为分析技术是具有重要现实意义的，可以带动图书馆实现更科学的发展，借助这种技术可以及时、全面地了解读者的阅读情况，还可以结合掌握的情况构建读者画像，从而生动地展现读者的阅读状况和阅读喜好，利于图书馆的领导及时抓住读者的阅读趋势和图书馆当下的发展形势，这无疑是非常宝贵的资源。

首先，有了读者行为分析作为前提和保障，图书馆管理员可及时调整采购策略，避免图书采购过多、图书采购不贴合读者"胃口"而出现图书积压问题，也避免图书采购数量较少满足不了读者的阅读需求。图书馆要争取在图书采购方面科学筛选图书、购买图书，做到有计划、有目标、有方向，切实改善图书馆内的藏书结构，让图书资源得到充分利用。图书馆竭尽所能满足读者的阅读需求，便可以最大限度地节约馆内资源，实现理想化发展。

其次，读者画像可以在挂上标签后全方位定位读者喜好，弥补过去图书馆对读者情况缺乏了解的不足和缺陷，消除过往人员参与过多、调研时间过长、收效甚微等读者行为分析格局，提升读者行为分析的全面性、便捷性和精准度，由此，图书馆工作人员便可以抓住读者的重要需求来具有针对性地予以满足，服务智能性特点即可得以彰显。

再次，除了可以按照读者外在显著特征划分群体类别，还可以利用读者画像提取每一位读者对不同文献资源的利用率和读者权重值，从而了解读者阅读图书的类型及其所占比重，由此便可以定义核心、活跃、一般及沉默读者。图书馆工作人员可以为几类不同读者制定不同的特色服务，更利于激发读者的阅读热情、借阅书籍的热情，更有益于图书馆扩大读者人群规模。

图书馆要始终奉行"保护读者的合法权益"这一理念，做到全心全意为读者服务，围绕读者的真实需求提供对应的服务，要将前期的资料搜集、分析等工作做好，切实把握读者的阅读需求、阅读喜好、阅读时长等情况，依据手头掌握的资料对读者输出对应的服务，让读者阅读成为一件便捷、轻松、愉悦的事情，自然会获得大批读者的支持，图书馆也可以发展得越来越好。

二、读者交互技术下的智慧图书馆服务模式

1.读者交互技术

交互泛指一切交流活动，包括人与人之间的交流，也包括人与自然界的各种数据、信息、情报、知识等进行交流。交互这一概念在新时期有全新的解读，这是随着外部环境变化而产生的变化。显而易见的是，关于交互的解释正在变得多元化、宽泛化和广义化，为此，交互技术可以理解为利用技术达成的交流活动。在信息技术快速发展的视域下，在人与人、人与动物的交互基础上，衍生了人机交互、物物交互的新交互方式，这些都包含在交互范围内，交互方式正在变得多样化，交互范围

正在逐渐扩大。

读者交互，即使用同一产品、接受同样服务或参与同一项活动的主体间的交流活动，旨在通过交流达到一定的推广、宣传、经验分享的目的，可以全方位了解产品及其服务，并具有针对性地对其进行优化，也可以升华产品使用感受、服务享受体验，对读者和产品都是有益的。不同行业、不同组织规模的读者交互，产生的影响力和影响范围皆存在较大差异。过去的读者交互主要在线下展开，主体与主体见面是最主要的交互方式，以便让经验快速分享，让心得及早输出，而因为信息技术的发展，这一保守的交互模式早已改头换面，当然，这并不是说这种交互方式已经被全方位取代，而是在小范围保留这种模式的基础上开辟了线上交互渠道，借助信息技术在读者与读者之间搭建了便捷交流的通道，实现跨地域、跨时空的交流，不再仅仅依赖线下的图书馆交流场所，即使远隔千山万水，也可以想交流就交流，为图书馆领域的学术研究、读者阅读经验分享、阅读推广活动的展开提供了较大便利，无形中节约了读者的交互成本。

2. 主要服务模式

与传统的读者交互式服务模式相比，智慧图书馆提供的读者交互式服务模式更先进、更便捷、更人性化、更高端，可以为读者提供智能化的阅读环境，也可以提供有技术支撑的便捷式服务，可以丰富读者线上、线下两方面的阅读体验，为读者提供更多选择和更多样化的服务，从而为读者完成各式各样的交互提供便利条件。

传统图书馆注重馆内部署与图书陈列，智慧图书馆会基于这项考量在空间布局上增加一些人性化的元素，也会考虑到相关设计与布局是否满足读者的实际需求，确保新的设计和陈列更具现实应用意义。这个过程中，会综合考量图书馆内的一切资源，也会尽可能将这些资源充分利用，包括空闲场地、图书资源、馆内特色、色彩搭配等。通过巧妙的布局让馆内结构更合理，持续提升馆内研讨交流区、阅读学习区、精品展示区、书架陈列区等区域布置的科学性，让读者进入的各个空间可以充分展现人性化服务，彰显前沿功能和属性，做到动静皆宜、老少咸宜，满足不同年龄人群、不同职业人群的阅读和交互需求。另外，先进的技术需要在馆内提供强有力的协助功能，协助馆内工作人员开展工作、进行管理，弥补人力服务中的不足和缺陷，如利用联网检索系统让读者可以通过关键字、重要内容的搜索，了解到喜爱的图书类别的具体情况；又如利用导航系统直观展示图书馆内、外布局和功能区分布情况，指导读者探寻到所需要的功能区；再如智能咨询系统也可以当场解答读者的一些基础问题，包括不同区域的功能介绍、馆内藏书情况、图书馆发展历史等。此外，阅读室、朗读亭等区域也可以放置更多利于读者交互的设施，让读者可以随时随地享受到便捷、人性化、高端的服务。

当前，我们提倡各个图书馆积极提升馆内的读者交互技术，旨在为读者提供更多样的交互机会，可以完成线上、线下交流，获取不同的交互体验，从而满足读者的心理需求。图书馆也需要开放无线网，满足读者不同方式的上网、交互需求，满足手机、笔记本电脑、平板电脑等设备的网络连接要求，实现在线借阅、在线阅读。同时，需要满足读者在微博、微信、论坛等多个平台分享图书和阐述读书心得的心理需要，切实打开读者思路、提出观点并实现心得与体会的升华，为后续读书组织的建立埋下伏笔。图书管理员也要积极参与交互活动，从多个渠道倾听读者的心声、了解读者的心理活动，可以与读者面对面交流，也可以与读者在虚拟空间建立书友关系，抑或是通过读书调研活动与读者亲密交互。总之，图书管理员要利用各种便利条件与读者进行交互，要确保交互有效、交互和谐、交互平等，切实取得读者的信任，让读者可以一吐心声，从而表达对馆内服务、馆内图书、馆内设施、馆内运行等多方面的看法，也借此机会让图书馆的管理、服务工作中存在的弊端全面暴露，从而为图书馆优化各个环节提供依据和参考。

3. 优势和问题

读者交互技术在图书馆的引入和应用，无疑对图书馆本身的发展起到了积极的作用，也是促进馆内资源、读者、管理员、应用者等多个主体交流的重要技术，可以实现更多元、更多样化的交互，旨在打开读者对外交流的渠道，切实让图书馆更了解读者，更准确地把握读者的阅读喜好，从而提升馆内服务质量。在如此广泛的交互中，可以加速资源的流通、共享，可以让馆内各类资源得到充分利用、高效利用，可以挖掘图书馆本身的潜力，从而实现健康、长远发展。当然，读者可以在更广泛的交互中提出阅读需求，从而获取图书馆的回应，较大程度地拉近了读者与图书馆的距离。同时，图书管理员可以在与读者的交流中，在分析读者的反馈内容中，及时调整服务策略，还可以结合读者提出的建议、意见，及时弥补馆内的各项不足，让读者对各个方面及环节的服务更为满意。这种及时、便利、多样的交互方式，无疑为智慧图书馆的真正建立做出了不小贡献。

从以上内容中不难看出，读者交互技术应用的优势，主要是适应图书馆智能化发展，这一优势值得肯定，但是问题依旧存在，两者不相互冲突。多样化交互渠道和方式的线下应用，导致这方面需要投入较多人力、物力、精力、资金等成本。线上功能也需要技术支持，需要较多专业技术人员参与其中，线上发言大多为匿名形式，不易掌控发言的合理性、礼貌性，若管控不当，极易让读者与他人产生矛盾和纠纷，这便会让读者交互质量大打折扣，读者权益的维护、读书氛围的维护将成为新的难题，这给图书馆管理增添了新的压力，需要由专人负责和管理。开放言论固然重要，但是读者交互存在的新问题也会产生，这是读者交互技术应用带来的挑战，正所谓"机遇与挑战并存"，当图书馆在享受交互技术带来的便利和效益时，也需要做好全方位的问题预防与应对工作，切实保护和谐的读书氛围、交互氛围。

第五节　新技术支持下需求型智慧图书馆服务模式

秉持"以人为本"的服务理念，新技术条件下的人文型智慧图书馆服务模式更加从人本身的角度出发，注重读者的行为需要和情感需要，通过情境感知技术和移动阅读技术为读者提供全面、便捷的阅读内容和阅读方式，注重服务实现的质量和效果，关注读者的使用感受。

一、情境感知技术下的智慧图书馆服务模式

1.情境感知技术

情境感知最早于1994年由Schilit提出，指通过传感技术和网络技术使信息系统具备感知人物和环境当前状态的能力。读者对产品和服务的情境感受对提升服务质量和服务效果具有重要作用，传统的读者使用感受获取主要通过问卷调查、访谈等形式进行，这种获取方式需消耗较多

的人力和时间，回收率也相对较低，且通常只能在体验后获得反馈，及时性和有效性差。如今的情境感知技术主要通过计算机、传感器和各种信息化设备来进行，可实时感受目标读者的真实状态，及时将数据传回管理系统，使管理系统可快速做出反应。情境感知技术的及时性、灵敏性、强辨识性和易定位性使其符合图书馆对资源、读者、馆舍、设备综合管理的需要，使图书馆具备智能化感知的能力，对服务质量提升和阅读环境改进具有重要作用，因此，被逐渐应用于智慧图书馆的发展建设之中。

2. 主要模式

智慧图书馆中的服务内容和服务类型都大大增多，预约书柜、流动书箱、移动图书馆等智慧产品和服务的提供，使读者和资源由集中走向分散，线上和线下活动的开展也使其具有跨时空的特征，仅靠图书馆员的人力已无法兼顾分布各处的资源和读者，无法保障他们的阅读状态和服务效果的实现。在这种情况下，情境感知技术为图书馆的服务和管理提供了有效的技术支持，通过智能感知、智能分析和智能交互实现对资源、读者和环境的智慧化管理服务。

首先，感知系统通过传感器、红外设备等与图书管理系统对接，可以实时获取图书的在架状态、外借状态，获取图书详细的位置信息，并可根据对图书的情境感知直接获取所借阅读者的相关信息。将情景感知技术嵌入图书馆的座位系统、网站平台和手机软件，可以跨时空获取读者的借阅状态和资源使用状况。感知系统与温控系统、消防系统等的融合应用，可持续性监控馆内的环境状态和安全状况，并将收集到的各种数据快速传给管控系统。分析系统应用大数据和云计算技术，可快速完成对感知数据的分类、整理和预处理，根据预先设定的反应策略，及时将目标物状态反馈给决策系统。最终通过智能交互系统把结果传递给馆员和读者，使馆员可以清晰了解各点位的资源使用状况和读者阅读需求，及时增减图书复本量，剔除破损图书，促进图书的周转流动。系统可以根据读者需求记录其阅读喜好，为其提供个性化的图书推介、专题推送服务。系统还可以调整馆内的座位设置和温度光线，优化环境氛围和情境感受。

3. 优势

情境感知技术通过技术手段，特别是与物联网的融合应用，打破时空局限，实时获取资源、读者、环境的状态信息，为图书馆工作节省了大量的时间和人力，馆员不需要再四处奔走了解读者的阅读需求和资源使用满意度，只需进行简单的技术操作和系统维护，变被动服务为主动服务，让读者在借阅过程中即可反馈状态需求，在解放馆员劳动力的同时，也使其节省出了更多时间开展其他业务创新活动。

情境感知最重要的作用即提高服务的个性化、精准化和智慧化水平，通过对资源的精确感知做到及时地查漏补缺，通过对环境的精确感知应对环境变化，通过对读者的精确感知了解不同读者的个性需求，提供精准化的读者服务，符合图书馆智慧化发展趋势。

4. 存在的问题

情境感知技术面临着传感设备的安装维护成本和灵敏度等问题，要想获取精准清晰的整体感知，必然需要设置大量的传感设备，但目前在资源量和读者量都很大的图书馆，安装和维护传感设备需要较高的资金成本。而且，传感器的灵敏度大大影响对事物的感知能力，后续的分析、交互和反馈对系统的存储能力和稳定性提出了一定要求。能否通过系统准确感知读者需求，提供对应的智慧化个性服务，对馆员的技术能力和业务能力提出了双重考验。

二、移动阅读技术下的智慧图书馆服务模式

1. 移动阅读技术

移动阅读是指通过移动设备所进行的阅读行为，包括在移动网络环境下通过阅读网站和应用所进行的阅读以及通过专门阅读软件和设备所进行的阅读，是相较传统纸质阅读的一种新型阅读方式。移动阅读是伴随着移动网络和移动设备而发展起来的。传统的阅读方式主要是通过对纸质资源的购买和借阅，便携式和随时性的阅读需求逐渐成为人们的阅读趋向，在这种情况下，互联网的广泛覆盖和移动设备的兴起为实现移动阅读提供了支持条件。阅读平台不再局限于书店、学校、图书馆，阅读资源也不再局限于这些机构所提供的纸质文献和部分电子资料，移动技术所催生出的各类网站平台、应用软件和专门设备可以快速收集、整理、分类、传递各类信息资源供读者使用，读者也可以通过移动设备随时随地根据需要获取信息，具有极强的便利性特征，深受广大读者欢迎。

在此背景下，图书馆作为学习阅读的主要场所，积极利用移动阅读的理念和技术，提升图书馆的智慧化服务水平。

2. 主要服务模式

图书馆移动阅读服务的开展主要围绕提供丰富的电子资源、个性化

的信息推送以及便捷化的自助服务展开。移动阅读打破传统纸质阅读习惯，主要通过移动终端进行，这就需要图书馆有大量的数字化资源供读者使用。

在此背景下，图书馆积极进行馆藏结构调整和馆藏资源优化，引进各类电子图书报刊资源和情报信息数据库。同时，在移动技术支持下，其操作的便捷性特征也使读者可以自助满足基本的阅读需要。

首先，智能化的移动设备和移动技术可以实现对信息资源的有效整合，通过对电子资源的分类、排列、提炼，可以为读者提供各类目录、索引、导览，帮助读者了解时下最热门的信息资讯和最新的信息内容。强大的移动检索功能也为读者提供了多样化的检索方式和相关度排行，帮助读者快速锁定信息范围。

其次，移动技术后台也可实现对读者阅读行为和阅读状态的实时监控，通过对读者所留的书评、建议以及相关借阅数据分析，精准了解读者的阅读习惯、阅读需求和阅读趋向，实现智慧化服务。

移动阅读下基本每一位读者都有一个独立的阅读终端，图书馆员无法同时服务每一位读者，这就要求移动阅读具备良好的自助服务模式。通过软件应用开发，智能咨询机器人、智能检索、智能预约、智能借阅等系统可以使读者在移动设备上独自完成和在图书馆内一样的查找、外借、续借、清缴等内容，享受更加方便快捷的智慧化移动阅读服务。

3.优势和问题

移动阅读技术使阅读打破时间和空间的限制，使读者可以不受图书馆藏书限制，随时随处地阅读。电子化的资源形式有利于信息的快速传播和共享，便捷化的阅读方式满足了人们在繁忙工作生活中的浅阅读、碎片化阅读需要，提供了多样化的服务内容。移动阅读可以节省藏书空间，节省采购经费，便于图书馆之间开展资源共享交流，有利于优化馆藏结构，突出馆藏特色；有利于减轻图书的上架、倒架、剔旧等工作；有利于阅读宣传、阅读推广等创新性活动的开展。

移动阅读的快速性、即时性、便捷性特征也使信息的监管更加困难，相较传统纸质媒体，数字信息质量良莠不齐，虚假信息泛滥，而且，快速的传播方式给信息管控带来很大难度，对图书馆工作人员的信息素养和信息敏锐度提出了较高要求。同时，移动终端也较易暴露读者的个人信息，对个人隐私造成一定威胁，这些都需要图书馆制定翔实清晰的工作准则和使用规范。

第五章

新时期智慧图书馆服务模式潜在的问题与发展态势

第一节　新时期智慧图书馆服务模式潜在的主要问题

当下是科技信息化社会，社会环境处于智慧化模式发展之中，所以以往图书馆服务模式向智慧化服务模式转变是一种必然，简单来说，智慧图书馆服务模式，即利用信息科技等设备，对图书馆馆藏资源以及书籍借阅等模式进行升级。目前，我国信息技术尚处于发展阶段，现阶段我国智慧图书馆的服务模式也处于探索阶段，因此在具体革新图书馆智慧服务模式中依然存在诸多不足，主要表现在以下几方面。

一、运用新技术方式较为明显，缺少多资源融合

目前，我国智慧图书馆服务模式属于发展阶段，为了保持与时代发展的同步性，在管理中应用了大量的新技术，即引进信息技术、引入网络化发展管理模式，采用人脸识别等技术，应用上述技术获得精准的客

户信息，提升图书馆的管理效果和效率。但图书馆公益服务属性明显，其在发展中受到了多方面因素的限制，如人力、财力等。图书馆应用信息技术对图书馆服务进行升级，首先需要投入大量的资金，以支持网络设备的升级；其次需要通过人力资源的投入，强化网络智能端的连接等问题，想要在短时间内收获效果，则需要图书馆投入大量的资金，而对于公益性质的图书馆而言，其资金力量是目前发展问题中的重要影响因素。例如图书馆对管内书籍文献等资源进行数据化管理录入，需要采购数据化芯片，数十万的管内书籍文献资源实现全部芯片植入，需要较多的资金支撑。以此而延伸的网络服务技术、设备安装等，更需要强有力的资金支持。此外，图书馆引进信息技术管理模式，需要提高工作者对信息技术的应用能力和维护管理能力。业务人员的培训，则需要图书馆对其投入大量的时间和精力进行培训，而这也需要建立在强有力的资金支撑之上。

综合而言，图书馆在探索智慧服务发展阶段，只对信息技术进行升级，对智能化设备进行投入，难以保障智慧服务效果的有效形成，还需对各产业的资源和信息进行升级管理和投入，这样才可以保障智慧图书馆模式的有效性建设。

另外，智慧图书馆的构建要依托在自动化的后台之上，比如新图书馆的建设，图书馆正常使用的物理设备等外部设备，还有数据处理后台、数据服务系统等，都依靠高科技的改造。VR技术、物联网技术、数据挖掘等的使用，以实现原有的馆内资源和新的智能设备之间的连接。比如说在数字馆中，基于条形码和防盗磁条技术的图书馆自动化集成系统以及射频识别技术的合作，共同构建了书目管理系统的后台。图书馆的咨询服务需要依托各类信息数据库、数据分析系统而存在，这些都对系统规模有一定的要求。当下的科研成果还在理论层面，在国内的图书馆范围将支撑平台全面建立，还需要一段时间的等待。

二、智慧服务效果较低，导致智慧服务体系不完善

传统图书馆服务模式与智慧图书馆服务模式的最大区别在于，智慧图书馆服务模式是依赖信息技术支撑的服务模式。实际应用中，受到信息技术的应用影响等因素，导致当下发展的智慧图书馆服务模式依然在依靠信息化设备实现自动化服务。如在互联网技术影响下，图书馆的服务主要倾向于连接服务，简言之，就是通过互联网联的连接功能，实现对馆内各部门的连接，但未发挥其他机构的作用。人脸识别技术的应用，也只发挥了其识别作用，即在人员进入图书馆之前，对其进行人脸识别，而未在预约等方面给予人脸支持。区块式服务模式属于新发展模式，在打造智慧服务模式中发挥的作用还未显现。创新书籍价值，给阅读者提供更多的信息帮助等作用，也未完全实现。阅读者的信息采集以及网络档案建立管理，也只是将阅读者的信息进行了简单录入，未形成更具有数据信息价值的阅读者信息习惯以及跟踪等。多样化的社会发展之下，读者的多样化阅读需求未得到满足。

综合而言，当下的智慧图书馆服务模式还处于发展之中，其存在的问题较为明显，因此要突出各种信息技术的应用价值，要探索服务与信息技术之间存在的密切关系，从而形成高效连接、互通互利的实效化网络服务模式。

三、缺乏行业标准引领，隐私安全问题待提升

网络环境视域下，促进了人们工作效率的提升，拓宽了知识发展等问题，在增加读者信息透明度的同时，也给读者的安全隐私等带来了一定的威胁。如网络环境中，对使用信息的方式缺乏监管，进而产生了诸多的信息盗用问题。在信息便利的条件之下，图书馆工作人员提升了工作效率，但在此过程中，图书馆工作人员可以轻易了解到读者的阅读信息、工作职业等信息，增加了读者信息被泄露的风险。若在此过程中对读者信息造成泄露，则会给读者的信息安全以及财产安全等带来极大的威胁。

当下，智慧图书馆服务模式处于初期发展阶段，行业发展机制未形成统一的标准，因此，在读者信息安全方面需加强保护，尤其在移动环境下，更要制定保护读者信息安全的政策。从图书馆联盟发展层面分析，目前图书馆对读者的信息未形成规范的使用，进而读者的信息被广泛下载和使用，导致当下社会中，读者会频繁收到来自各个渠道的骚扰信息。读者信息保护不当的问题，成为目前图书馆建设方面最突出的信息安全问题。要促进图书馆智慧服务模式的升级，需解决读者信息泄露和盗用问题，以法律为准绳，合理合规地使用读者信息，从而在图书馆发展与智慧服务发展之间寻得发展的平衡点。

四、配套政策与规范缺失，信息资源利用不足，馆员队伍建设滞后

首先，智慧图书馆配套政策与规范缺失。在智慧馆的建设当中，需要涉及许多方面的系统体系建设，这就要求有很大的信息流。在信息流中，信息的安全能否得到有效保护，如何对信息流进行规范管理，这些都是智慧图书馆面临的问题。在智慧图书馆里，需要处理许多电子资料，在相应的法律法规保护下，知识产权问题也摆在突出位置。信息流中存在许多读者的个人隐私，需要给予有效的保护。对于这一切来说，一个规范的标准的出台是当务之急。

其次，数字信息资源利用不充分，资源利用水平有待加强。在我国图书馆界，没有一个统一的信息搜索标准及统一的文件保存格式，导致数据的管理无法有效进行。各个国家数字图书馆没有统一的网络服务系统，数字信息资源不集中。智慧馆之间的资源分配不均衡，无法达到高效共享。智慧图书馆之间国家范围的建设和服务模式普及、数码信息资源建设成为一个非常值得关注的问题。

再次，建设成本整体偏高。建设一所智慧图书馆，最大的问题就是资金的问题，从小小的射频识别标签，到整个图书馆的智能设备购买，都需要很大的资金投入。目前，射频识别标签的单价在0.1元人民币左右，但是面对图书馆巨大的馆藏量，这仍然是一笔巨大的开销。而且，还要配套相应的读卡设备，一套算下来，是上千万元的开销。另外，智慧图书馆还要引进大批量的数字图书资源，版权的购买又是一笔巨大的开销。这些都具备后，还需要为智慧图书馆的馆员做大量的学习培训，

以配合智慧图书馆的管理。这一切都预示着巨大的经济开销。

最后，馆员队伍建设相对滞后。拥有硬件设施仅仅是一个开始，智慧图书馆的灵魂是智慧馆员，馆员代表着图书馆的活力与智慧。当前，我国的图书馆馆员并没有一个标准规范的资格培训系统，缺乏专业的认证系统，这导致图书馆的服务质量无法得到根本保障。由此可见，图书馆馆员队伍建设的滞后，是制约我国智慧图书馆的发展脚步的一个因素。

第二节 智慧图书馆服务模式优化对策与发展趋势

一、智慧环境之下图书馆的发展建设目标

1.总体建设规划目标

2022年图书馆智慧发展模式规划中指出，信息技术是推动经济发展与社会文明化发展的技术支撑，也是推动社会文明治理以及现代化发展的基础保障。随着国家经济建设发展与信息技术的加快发展，我国也处于文明化发展环境中，并出台了诸多的相关标准化管理标准，为强化推进制度的落实，成立了相关的组织进行规划和工作的推进。2014年，国家出台了国家智慧化发展标准。2018年，成立了推进标准化发展的组织机构。这些政策以及相关机构的建立，都说明了国家实现智慧化发展的目标，进而图书馆智慧服务模式构建也是一种必然趋势。在现代智慧化社会进程发展中，图书馆以及众多社会公益服务性机构也必然会沿着智

慧化模式发展。建设智慧化图书馆服务模式，一方面可以实现对图书馆高效、科学化的管理，有序开展图书馆服务工作；另一方面在信息技术的支撑之下，可以推进传统图书馆发展及服务模式的升级，可以促使图书馆向着更现代化、标准化、安全化的模式发展。

2. 区块特色化发展目标

图书馆虽属于公益性服务机构，但绝不是流水线式的工作模式，其作为搜集文献以及记录知识的一种媒介，在城市及地区发展中起到重要的作用。图书馆可以展现人类发展中的精神文化创造，可以展现历史发展中的重要事件，不同的文化造就了不同的图书馆文化，由此，不同的地域形成了不同的图书馆服务。

智慧图书馆服务模式的打造，要依据地域特征，依据地域文化属性打造更具特色的区块化服务模式，以此强化对读者的吸引力，形成区块搜索特性，展现图书馆作为公益服务机构所特有的优势和价值。图书馆可以打造区域特色化服务，落实因地制宜、因馆发展的标准化发展。同时，在特色文化影响之下，也可以改变公众对图书馆的特有印象。在公众的印象中，图书馆一直是作为一种文化传播的机构存在，而在如今的智慧化发展模式之下，图书馆的存在已不仅仅是保存历史发展中有价值的文献以及对知识进行更广更深层次的传播。智慧图书馆的打造是为了更好地记录和传播中国的优秀文化，利用图书馆这一知识传播机构，对其进行资源的整合和利用，才可以更好地将有价值的文化以及文献进行保存和传播。如神话故事、曲艺以及历史文献等，图书馆针对不同的历史文献及传统文化，要进行有针对性的服务，可不断丰富馆内的历史文化遗产资源，进而使其成为更具时代化发展的机构。这种针对历史文献、知识等进行的智慧升级，在以图书馆为中心的基础上，对固有特色文化进行保存、发展以及传播，并在社会现代信息技术的支撑之下，形成了知识及文化的良性循环传播，并以此发挥了图书馆更大的社会价值。

3. 读者赋能化发展目标

智慧视域之下，造就了各种资源及信息的多样化发展，面对社会如此快节奏的发展，信息赋能化发展才是打造智慧图书馆服务最佳模式的根本。上面提到，图书馆是一种记录和传播知识的机构平台，抑或是保存传播文化的媒介，因此图书馆从来不是供阅读者进行交流学习的平台，打造智慧化图书馆服务模式，更不是在为读者打造更加现代化、智能化的知识学习交流环境。从读者需求角度考虑，打造智慧化服务模式，其根本上是为了促进图书馆与社会的同步发展，促进现代信息技术的广泛应用，进而促进馆内设备的升级，提升其工作效率，给读者提供精准化的浏览和知识获取渠道。从图书馆层面考虑，将信息技术、网络技术等资源融入图书馆中，增加了社会公益机构，进而为更多人提供了就业机会，在利用信息技术增加工作者工作效率的同时，也促进了服务品质的提升。所以，服务赋能化为读者提供了更具价值的自我增值平台，同时也赋予图书馆存在的更大价值。以往的图书馆增值主要是通过增加纸质文献与书籍等内容实现，通过读者对信息的利用进行增值。而智慧服务模式则是从读者与图书馆的交流中，获取读者对书籍文献的信息资源，进而为其提供对应的知识，满足其利用和传播需求。这种增值模式主要是以知识的传承为基础，进而通过读者回馈社会的方式加以体现。

4.管理精准化发展目标

智慧图书馆的发展促进了信息的高效发展，面对海量的读者信息和书籍文献信息，图书馆如何做到精准化、高效化管理，才是智慧图书馆价值体现的根本。

图书馆实现精准化管控，要首先在社会环境改变之下，对信息进行社会化搜集分析，也就是形成有序的信息搜集，并对信息进行次序化的分析。在此过程中，智慧图书馆充分利用信息技术能力，对读者信息进行搜集和动态掌控，使其成为开发读者资源的数据信息支撑。其次，对读者信息进行掌控，也可有效避免其中发生的突发性问题。

另外，图书馆要对散流式信息进行精准化管理，即分析散流式读者的阅读习惯，并给其提供与之相对的服务，使其思维模式与行为模式逐渐形成规范化信息，进而促进图书馆读者信息分析能力提升，为新技术的发展提供研发方向。图书馆还要在管理中对数据造成的丢失进行精准化管理。信息技术的使用，智能化设备的使用，最终都是在工作者的操控下得以各功能的实现，而人员在对其进行操作的过程中，不免会因操作不当造成信息数据的丢失，抑或对信息技术使用不合规，从而造成数据删除。要做到对读者信息及馆内数据资源的保护，就需要加强对丢失信息的管控，如利用已知数据信息对丢失信息进行恢复，或通过专业信息技术操作者对信息数据进行恢复，进而降低信息丢失给智慧图书馆带来的损失。对各种信息的精准化管理，可以促进智慧图书馆信息化发展的绿色安全，也可以在精准化服务之下，给读者更好的阅读体验；还可以使其组织发展的框架和结构日益完善。但精准化的信息管理，要贯彻到智慧图书馆发展的各个阶段，才可切实提高智慧图书馆的工作效率。

二、智慧图书馆服务模式的发展趋势

1.构建云服务平台，提高对技术的集成应用

新技术的出现为图书馆智慧服务功能的打造提供了更多可能性，但只采用一种技术，必然无法发挥其重要价值，也必然无法推动智慧服务模式的有效发展。为了保障智慧图书馆服务模式的高效建立、有效完成，强化图书馆各项功能的连接高效，使其形成独具优势的发展模式，就需要对社会中的信息技术进行集成化使用，并要对管理中的各个结构进行技术升级。智慧服务模式的探索主要是在云技术、云计算、云存储等技术上提出的发展模式构想，依据云技术等实现大数据发展模式。与传统图书馆的管理模式相比，智慧化的管理模式贮量更大，运算效率及精准率更高，其个性化服务也更为明显。在云计算技术的支撑之下，传统图书馆发展模式由重资源转变为重读者，由重管理转变为重服务，其本质是建立以读者为核心的服务模式，致力构建可视化管控、可虚拟引导、可智能咨询的全方位、多维度服务模式，从而为书籍借阅者提供更加个性化、精准化的服务。生成的智慧云服务平台，是在核心管理结构下，对图书馆中的各种功能进行有效支配，进而为其提供服务。传感系统感知到读者信息、读者需求和指令之后，将信息传达给中心管控系统，中心系统再将信息反馈到各个子功能组织中，进行身份验证、信息核对、座位锁定等，从而帮助读者完成跨时空的阅读学习体验。前面我们提到过，要建立自上而下高效的智慧图书馆服务模式，需要有技术和人员的支撑，需要有强有力的资金支撑，因此各图书馆智慧框架的构建

要依据各自的实际情况进行创建，以达到智慧化发展，给读者提供智慧化服务。

2.发挥各类智慧服务功能，形成统一的智慧化服务

在智慧图书馆服务模式的探索中，信息技术应用单一，导致目前智慧服务模式中的图书馆各功能独立性较强，也就是未形成各服务功能的有效连接，未形成统一协调的服务模式，目前存在的服务模式也只是在单一技术发展下而存在，造成了各种服务的重复，如信息核对等。智慧图书馆服务模式的打造，是创建更加开放化、自由化、特色化的服务模式，虽强调了读者主体的参与度，但智慧服务模式主要是指在云技术、云计算等支撑之下，通过一次的信息搜集和分析，给读者提供精准化的阅读服务。目标是建立智慧资源、智慧设备、智慧读者等为一体的多维度阅读和管理体验模式。通过云数据的信息搜集和储存功能，经过传感和深度分析功能，对馆内文献等资源进行精准化录入；通过各种数据的互联模式，形成各系统之间的互通工作，对读者信息做到精准化分析，给读者提供多样的知识浏览平台，让读者依据自己的需求，快速下达搜索和阅读指令，依据信息分析，实现智能化的检索和智能化的借阅服务。运用人脸识别等更为先进的识别技术，对读者阅读需求进行更深层次的发掘，如形成人脸画像识别功能，以简化各功能中对信息核对的烦琐性，进而为阅读者提供精准的个性化服务。利用自动化管理借阅功能，建立流动图书馆服务模式，即增加全天性的借书还书服务，如自动化书柜模式等。建立这种流动性的图书馆服务模式，简化了馆内信息核对的烦琐性，节省了人力以及各种资源的投入，形成了更加便民、利民的智慧阅读服务。要充分利用智能感应等设备，打造更加适宜读者阅读

的阅读环境，同时要积极创建混合阅读服务模式，即创建线上线下互通的阅读服务，以充分连接馆内的各项职责和功能，给读者提供更加智慧的服务体验。

3. 建立行业规范制度，提高读者信息安全

在网络环境之下，对各种信息技术的应用都存在不足，与此同时，也为读者的信息增加了泄露风险。在信息技术快速发展的背景之下，只有构建安全性能较好的发展模式，才利于推进图书馆智慧服务模式的有效建立。如在利用云存储功能对读者信息进行采集和存储时，需要通过加密的方式对数据进行安全保护，同时要在行业数据使用规范条例之下，对读者的信息进行使用和分析。

建立行业信息使用规范，首先要明确信息的采集方式，即要通过正规渠道对读者信息进行采集。如利用传感设备将搜集到的信息进行整理等，之后再对搜集到的信息进行过滤和归类，保留有效的读者信息。

其次，在对读者信息进行采集和数据分析时，要让读者知情，简言之就是通过隐私制度，向读者阐明分析和使用信息的用途。同时，要建立使用信息的透明度，即对读者信息进行了怎样的分析和使用，应及时给读者进行反馈。

在图书馆联盟发展视角下，要通过信息的传递政策，保护读者信息的安全。如在传递和共享信息中，要对读者的个人信息进行加密处理，以保护读者的个人权益。为进行信息加密处理，图书馆应加强图书馆工作人员此方面的能力培训，如提高工作者的读者信息保护的安全意识，提升工作人员信息技术的使用能力。以提高对读者信息的保护能力。在日常工作中促进工作者的规范操作，进而减少读者信息泄露的风险，通

过行业规范的约束以及工作制度的约束，切实促进智慧图书馆安全服务模式的构建及健康发展。

4. 完善相关法律，构建共享资源

一方面，要制定相关法律法规及政策。我国缺乏图书馆建设相应的法律法规，所以应该尽快落实相关的章程制定工作。可以让图书馆与各种公益组织等进行战略合作。依靠政府的财政支援，保障图书馆的发展。推动国家图书馆流程的规范化，从管理方案、程序设置、资金、民众参与、推广推介、数据公开等方面，与国际接轨，并且形成中国特有的工作流程规范。这样标准化建设的推进也将提升中国图书馆在全球图书馆界的发言权，增强图书馆人才的培养。

另一方面，要实现资源共建共享。智慧图书馆中应该广泛设置的有公开的网络数据、纸质书籍、数字图书资源。在图书馆智慧化建设中，应该给馆内的实物添加智慧模块。该智慧模块中存储着具体的信息，于是该个体就变成了一个独一无二的目标。在图书馆的网络中，图书馆依托大数据构架，共建共享馆内各种资源，给每一个馆的藏书量提升一个台阶，为各个馆之间提供合作的机会。以此来迎合读者对图书馆的具体要求。

另外，要创建精选集合和本地资源。图书馆应该知己知彼，了解各个馆的具体服务流程，优化个性服务方式，建立个性化的服务流程，最终完成对读者的最优服务。在信息时代，每个图书馆都应该努力构建数字图书资源，而巨大的数字图书资源应该整合多个馆的馆藏，建立图书馆合作联盟，所以资源的共享是智慧图书馆建设的大势所趋。

5.创新技术开发与价值观念转变，加强馆员综合能力培养

首先，要创新技术开发及应用。图书馆馆员对新技术感兴趣，有一个好的面对态度对图书馆的发展是至关重要的。所以信息技术的使用与否格外重要。图书馆中新技术的应用，自动化管理系统向自助服务的转变，解放了图书馆馆员的体力劳动，突破了服务的时空限制，促进了专业系统的开发，比方说学术服务、馆内服务和信息化服务。这些技术的使用和开发可以大大加强图书馆馆员的智慧建设，进而提升物联网技术下智慧图书馆的服务优化。图书馆不擅长对新技术、新系统进行研究和开发，它只是一个信息服务的社会机构。但是，图书馆馆员不可以故步自封，认为仅仅把新技术拿来应用就万事大吉了。新技术、新系统的开发离不开图书馆馆员的日常应用，所以，图书馆馆员也可以是新技术的联合创作者和发明者。

其次，要转变价值观念。图书馆是一个有情怀、有使命的地方，我们应该加强与外界的沟通与合作，提高在社会上的地位。这离不开图书馆的模式重构。图书馆的使命与价值在物联网时代应该被重点强调，馆与馆之间应该有一个有效的、良好的合作沟通。所以，我们的图书馆馆员和图书馆应该努力提升专业素养，加强互联网能力建设，增强知识信息的获取能力。目前，一些图书馆已经开始提供收费服务，图书馆和书店已经合并在了一起。

最后，要合理进行智慧馆员队伍建设。图书馆馆员的发展问题一直是图书馆界最重要的问题，图书馆需要大量有能力、有经验的优秀馆员。目前，国内智慧馆员在数量和质量上均难以满足智慧图书馆及其读者日益增长的需求，现有文献的研究更多地关注智慧馆员在提供智慧服

务时的要求和标准。关于智慧馆员引进所要关注的具体专业配置、详细技能项目及明确的评定指标没有进行足够的研究，论述有限。2015年12月，教育部修改了《普通高等学校图书馆规程》。新的规程中提出高校图书馆专业人员占比必须高于一半。图书馆馆员的自身素质如何将直接反映在图书馆的服务当中。所以图书馆馆员要持续提升自身的专业素养、知识架构，不断提升自我，不被时代所淘汰。

关于智慧馆员的建设，笔者提出以下几个建议。

第一，变革现有的招聘模式。

现在的图书馆多为事业单位统一考试进入，这种招聘方式对个人起点要求很高，但是对专业性的判断比较低效。所以，图书馆应该像其他行业一样，提出一个合理的准入门槛，例如考取统一的馆员证书等，这样一方面可以提升相应群体的素质，另一方面可以让馆员招聘变得更为高效。另外，面对智慧馆员队伍组建的紧迫性和必要性，从源头提高行业准入门槛。多学科、多专业地选拔专业人才，是提高效率的最有效途径。然而，目前相关文献中关于智慧馆员入职选拔的专业要求主要集中在图书馆、档案等行业传统学科，这种单一、刻板的行业准入条件已不能满足多元化、开放化的智慧馆员团队的需求。未来关于智慧馆员队伍的研究应多着眼于不同专业领域的互动优势，如可以考虑引进互联网、环境科学、行为心理学等多学科人才，研究考察各专业特长的发挥对队伍的影响，这将大大加强团队专业素养的全面性，通过经验交流，促进团队专业技能的均衡发展，迅速提升队伍的综合实力。

第二，盘活人力资源存量。

术业有专攻，对现有的馆员进行分类，将不同类型的人才分门别类地安排到不同的工作岗位上。如果是智慧馆员人才，应该对其进行大力培养。同时，应鼓励他们不断提高自己的能力和创新能力。对于智慧信息素养较低的馆员，图书馆应该重点提升其智慧服务能力。

第三，培养学习型馆员。

如今，对于传统图书馆员仍缺乏规范的认证标准和系统的考核机制，这直接造成馆员水平良莠不齐。目前，我国针对智慧馆员的认证标准和系统的考核机制研究是一个空白。相关研究者应调整研究角度，加大对智慧馆员工作中所需必要技能进行汇总分析，选取具有代表性同时又凸显专业素养的学科技能作为评价指标，为相关认证标准和考核机制的建立起到呼吁和推动作用。这将有助于提升智慧馆员的工作积极性，有效增强馆员队伍的竞争力。在这一过程中，还应当培养馆员终身学习的意识。社会在飞速发展，馆员应该设立相应的培训学习活动、学习读书交流等，通过相互交流，实现共同进步。

6. 智慧图书馆建设方案

第一，功能构建。

所谓的功能构建，即在打造智慧图书馆的模式中，要对传统较为成熟的发展模式予以保留，并通过信息技术等资源，改进图书馆其他功能结构中存在的不足。同时，要通过对信息技术的应用，加强各结构对此技术的运用，以探索出更加适合图书馆智慧模式发展的规划。总结应用不足和经验，做好评估等工作。如数据库，利用已有的数据库构建数字图书馆模式，通过便携式个人电脑、智能手机等设备，对读者信息进行采集；利用感应设备、温度调节设备等，对馆内阅读环境进行创建，对馆内阅读空间进行改造升级；利用芯片追踪、射频识别等技术，对馆内文献以及书籍资源进行自动化管控，实现对馆内资源的有效分配利用；利用社交平台等媒体渠道，完成对读者信息的交互使用；利用游戏设备、VR或AR技术等，打造沉浸式阅读体验区。

以AR技术在图书馆馆内资源建设中的模块建立为例。先利用定位系统，在图书馆内使用标点进行定位，标记读者的搜索信息和导航信息，通过AR的定位功能，对馆内资源进行精准定位，在读者需求时给予精准导航。然后利用基础构建系统，即根据图书馆的空间资源和平面信息，给其建立三维的资源数据模型，对馆内资源进行全面性的数据搜集。再利用成像融合系统，根据标点标记和三维立体数据模型建立，生成坐标系统，进而实现真实AR成像效果。之后利用导航系统，即通过标点定位，生成箭头指示；通过馆内资源数据分析定位，生成导航信息；依据读者需求为其提供线路引导。这种沉浸式的阅读体验，不仅可以提高图书馆工作人员的工作效率，而且可以满足读者多样化的阅读需求。

第二，框架构建。

经过对信息技术的应用，对馆内各结构的调整，图书馆已经初具智慧化发展模式，满足了为读者提供精准化、个性化服务的要求，但对各种智能化设备以及信息技术的应用价值，未达到深度开发。因此，打造智慧化图书馆服务模式，还需要通过实践稳步发展。为了实现更加智能化的发展需求，为读者提供更加个性化的阅读服务，需要优化图书馆各结构的功能，还要加强对信息技术的贯彻使用能力，以使当下的智慧图书馆框架与该阶段所采用的信息技术相匹配，进而以稳定的框架结构，优化智慧图书馆各项服务功能，以形成有效、高效的管理。

框架组织结构的建立，第一要实现网络的全域覆盖，如无线局域网覆盖等；第二要进行信息平台的搭建，即依据信息技术功能，创建软硬件的通力合作信息搜集和整理能力，并通过管控对信息进行规范展示，如馆内书籍文献信息的全面展示等，同时通过信息展示，还可以随时监管馆内实时情况的发生。数据处理框架，借助基层传感器的功能获取数据信息，生成移动终端数据，反馈到图书馆的各个结构之中，通过云端服务器的计算功能，对接收到的信息进行分析处理，从而在实际工作中进行适当的阅读服务调整。

当下对于智慧图书馆的服务框架构建，主要是以区块框架模式为基础，形成区块链式发展模式，实现对资源的共享和高效利用，同时也可以通过区块链式的服务模式，为阅读者提供书籍借阅服务，也为图书馆开发更多的服务功能提供了依据和可能性，实现高效共享的框架模式建立。同时，建立核心化的联盟合作模式，以区块框架为基准，共享MARC资源，操作权限以及读者信息的生成记录等内容，为图书馆创新服务研究所用，还可以加强与博物馆等机构的合作连接。2018年，美国博物馆和当地的图书馆服务机构向圣何塞州立大学信息学院提供了一定了资金支持，所提供的资金支持用于此图书馆研究区块链式服务模式，以此推进了区块链式图书馆服务模式的发展。东卡罗来纳州立大学的图书馆工作者柯格希尔在研究图书馆智慧服务模式中指出，任何类型的读者信息和资源信息都可以通过区块链式服务模式达到信息及资源的共享。根据相关的区块链式服务制度，图书馆可以与其他的图书馆形成读者信息的共享。与此同时，在区块链式服务模式之下，区块链式服务技术可对读者的信息起到安全性保障，以此解决了共享信息中读者信息泄露的风险。

第三，生态构建。

生态构建是在图书馆技术发展以及框架建立之后形成的服务模式，简言之，即在技术的支撑之下，图书馆各功能具备智慧化发展模式，且获得了相对应的发展。其生态构建则是在保障馆内各项功能的正常运行，并对实时发生的问题进行规避或给出适合的解决方案，在遇到相对复杂的问题时，通过给出解决方案，保障图书馆常态化运行。因此，需要在初期的智慧化发展模式中，构建生态化服务模式。生态化模式的构建主要指智慧图书馆成为现代化城市的信息集转地，这种信息集转方式是对各种信息进行分析，并通过阻止不健全信息访问的方式，保护馆内资源信息和读者的个人信息，利用具有前瞻性的数据分析各问题规划方式，给读者和馆内工作人员提供更高效的服务，以此促进图书馆服务质量的提升。生态模式的构建，促进了图书馆文献资源以及书籍资源在馆内与读者之间的相互流通，其本质是在信息技术支撑之下将更高、更具指向性、更具个性化的服升级成为馆内的常态化资源管理。生态模式的构建也包含技术运用能力的升级，使技术更加适用图书馆发展及管理，使技术适用图书馆管理的各个层次，以发挥图书馆各结构的价值和作用，让信息技术的应用价值得以最大化发挥，进而使馆内的各项服务更加为读者阅读所需，根据实际需求，为读者提供个性化、精准化的服务。另外，生态化构建要更具包容性，即各项技术的通力合作要更具兼容性，发挥其最大功效，保障图书馆的日常运转，并为图书馆预留升级改造的空间。在生态模式之下，图书馆工作者的价值将得到更大的体现，智慧图书馆的智慧服务模式不仅仅是技术的升级、设备的升级，更是在促进技术与人员的融合升级。这种模式中始终坚持的是人本化理念。人本化理念贯穿于图书馆发展的各个阶段和层次之中，体现在对智能化设备的运用中，进而保障图书馆的高效运转与发展，并由此促进智慧图书馆高效模式的良性循环模式生成。

综上所述，对智慧图书馆的探索要贴合实际进行创建，要有方式、有规划、有目标地逐步落实。在确立人本化发展理念目标的情况下，通过服务升级、技术升级，强化功能连接贯通以及打造特性化服务模式等为突破，从而建立智慧服务发展原则，依照确立的发展原则，进行发展阶段的各功能完善和制度完善，同时通过构建生态化发展模式，促进智慧图书馆服务模式的常态化发展、长期化发展。在此过程中，要将功能构建以及技术应用作为发展中的重要内容，并通过各种框架及信息资源的建立，推动智慧图书馆服务模式的有效建立。

7. 基于互联情境创新智慧图书馆服务

第一，智慧图书馆网络设备的优化交叉管理。

智慧图书馆建设中的知识服务内容处于发展的初期，人们常见的一些网络交流方式也是智慧图书馆当前重要的交互平台，微信、微博或其他网络平台是重要的数字图书馆建设形式，也是与读者沟通交流的重要渠道。更多系统、专门的知识服务交流平台并没有得到有效推广与使用，例如，专门的数字图书馆平台超星学习通、云舟域空间等不被大众熟知。结合当前图书馆知识服务平台建设欠缺的情况来看，智慧图书馆的建设需要加强关注与读者的沟通交流平台的利用与创新，增加知识服务平台与读者的沟通机会，可以借助当前读者常用的微博、微信、QQ、微视频等形式更加与读者的沟通交流，让智慧图书馆真正走进每个读者的生活。互联网设备的整体应用中，红外线传感器、射频识别设备、激光扫描设备以及急速定位系统等传感器的应用，将互联网高效应用在图书馆建设中，实现万物互联，高效进行信息切换与资源交流，在信息交换的过程中，完成对知识的智能化识别以及监督管理，让读者拥有更加高效、便捷的资讯获取渠道，有效提取综合的信息资源。万物互联是智慧图书馆物联网体系建设的基本，智慧图书馆在互相高联系情境中不断优化管理升级，实现读者与平台的相互感知力，激发使用体验。智慧图书馆知识服务平台在中央处理器、传感器以及更多硬件设备的使用中，利用网络平台或其他资源软件进行有效反应，提高知识服务效率，进而完成知识的交互与沟通，完成对读者需求以及资讯的有效掌握。智慧图书馆的知识服务过程中需要结合信息资讯的感知高效性，不断提高知识服务体系的情境体验性，提高对读者需求的服务，做好平台服务体系的服务延伸。结合知识服务设备的技术更新与提升，提高智慧图书馆在服务过程中对读者的认知与感受的感知能力，不断增强权限设置，扩大服务范围，开展生动情景，提高各类设备的使用效率，增强情境化服务效果，为读者提供全天性、跨设备、跨区域平台的知识服务体系。跨区域的设备平台可以有效增强设备处理效率，提高网络延伸性，增加服务质量，提高智慧图书馆知识服务体系在各种情境中的应用功效。

第二，智慧图书馆信息技术服务的关联应用情境。

智慧图书馆在建设管理过程中需要结合创新的技术方法应用与产品服务的不断升级，结合互联网情境平台的建设，提高网络社会的应用管理，完成智慧图书馆在手机、电脑、平板电脑等设备上的客户端呈现，完成实际的知识服务功能，将智慧图书馆的服务功能与设备进行对接，保证智慧图书馆关联交互平台的便捷实用性以及可用性。

　　智慧图书馆信息技术服务的应用情境可以对图书馆知识服务起到积极的推动作用，不仅可以改变信息的自主展示方式，而且可以为读者带来更多便利性和直观性的资料展示。信息技术情境对图书馆的建设管理起到重要的优化功用，结合各种类型的读者资源将信息资讯进行整合存储，并结合线上向线下的流程进行延伸，完成读者与知识服务情境的沟通连接，借助一定的媒介载体进行资源整合与资料互通，在沟通交互中深度挖掘读者的深度信息，完成对读者内在需求的了解，针对读者的兴趣喜好进行智能搜索机制建设，加强互联网信息资源与读者连接的机会，借助网络平台完成信息与读者的完美匹配，为读者提供更加准确的信息指引与资源导航。交互式的网络平台利用智能化的信息终端，通过大数据技术整理以及计算机编码处理等应用，完成对读者的资料提取与总结，实现编码的及时反馈，提高信息的精准度。随着新的信息资源的不断输入，完成对读者的精准了解，二次关联可以增强数据的真实度，提高资讯反馈水平，提升智慧图书馆建设健全水平。知识可视化是一种利用图表进行知识表述的一种高效传递方法，通过利用知识图谱进行学科之间、知识之间的连接，完成知识服务高效化，为读者提供更加直观的知识传递形式，方便读者对于知识的理解与记忆，提高阅读效果。这不仅是智慧图书馆技术建设的重要内容，也是提高知识服务水平，促进智能化知识检索的重要内容。智慧的知识服务技术帮助读者实现情境可交互性，提供高效便捷的知识导航服务，增强智能检索服务，利用可视化知识服务提升读者体验感。

　　技术情境的应用与改变可以增强图书馆的服务水平，促进图书馆服务方式与内容的改进，促进知识的获取、提炼、应用等环节的提升。知识服务平台的建设选择中需要结合知识传递效率与效果进行考核，知识服务平台通过将文字、图片、声音、动画等多种形式进行整合，结合报纸、杂志、网站、电子期刊等形式进行动态知识展示，推动知识服务交互进程，提高智慧图书馆的建设成效。所罗门品牌的服务结合了不同的智慧图书馆建设需求，针对地理位置、服务情景、移动设备状态等内容在内的情境信息，将这些内容投入智慧图书馆的建设与知识服务中。知识服务技术的情境存在信息反馈多样化与多形态化，利用所罗门品牌设备中多模态融合技术将信息资源进行整理汇集，并以可视化形式为读者进行呈现，增强知识服务效率，提高智慧图书馆情境技术开发。在此基础上移动增强现实技术的应用可以有效提高智慧图书馆的识别能力，提高对服务对象的智能鉴别，提高资源利用效率，增强情境应用效果，完成网络虚拟信息资源向现实资讯的转化应用。

传统图书馆知识服务更加关注图书检索、资料查找、文献计量等方面的应用技能，智慧图书馆的知识服务体系建设更加关注数据整理与处理技能提升。信息技术带领图书馆实现由纸质化服务向数字化服务的能力发展，传统知识服务都是由印刷技术为主要技能，当下随着信息技术的不断发展，数字资源成为智慧图书馆建设的主要内容，技术改变了知识服务方式，改变了知识传播形式，也拓展了知识服务的群体，扩宽了知识服务的边界。多媒体、信息技术的应用改变了信息资源的传播形式，人们可以高效进行资讯掌握，在更多虚拟空间中完成知识学习、资源查找。当前，移动客户端发展迅速，知识服务离不开手机、计算机客户端等，图书馆的发展也由人工服务转向人工智能，结合计算机技术应用将智能化操作应用到图书馆管理中，在不断的技术升级中提高图书馆的智能化建设，提高图书馆优化服务，完成智慧图书馆的创设与建立。

第三，构建智慧图书馆空间结构颠覆性再造的创新型服务情境。

协调各种投入，实现空间再造，才能建构创新型服务环境。图书馆提高空间要素在服务转型过程中的作用，使图书馆成为当今社会一种不可替代的"大众创业，万众创新"提供平台。因此，必须要解决当前图书馆资金投入增幅不够、管理者的观念滞后、对转型期的各种问题及相应对策关注不足以及软硬件环境建设不充分等诸多问题。

空间场所一直是图书馆的重要资源，它的特别之处在于图书馆独有的书香氛围，不仅如此，随着空间要素在图书馆界的重新认识与再次定位，空间功能得到全面释放与升级，空间环境已成为图书馆一种具有深厚文化底蕴和特殊创意氛围的新型资源。首先，空间再造应成为图书馆提升空间功能，发挥创新服务的重要途径，提供创客空间应成为图书馆新的服务职能。其次，图书馆实现了信息共享空间、知识空间到智能空间的升级，应为创客提供富有创意的、激发灵感的创新空间，使读者在创客空间中实现并感受知识到实物的转化过程，读者对创客的价值诉求、教育理想和审美情趣在创客空间中得到满足与发展，进而引领全社会的创新智造氛围。最后，空间再造应该突出利用馆员隐性知识和技能优势，特别是提供优质的舒适性、体验性、互动性的创新环境，满足读者的需求。只有这样，图书馆调整空间要素，实现空间优化才能成为图书馆拓展服务功能，实现服务转型升级的动力来源。

此外，在智慧图书馆的共建共享及服务保障工程中，国家需要投入相应数量的资金以保障智慧图书馆知识服务的有效开展，推动智慧图书馆知识服务交互平台的建设，通过互联情境的优化为智慧图书馆知识服务提供全方位、全视野、高效畅通的开放共享环境，优化互联情境对读者使用情境捕捉的灵敏性、及时性，采取激励手段引导智慧图书馆积极建构具有特色的知识服务平台，提升知识服务内容丰富性并开展知识服务创新活动，以此来扩大智慧图书馆知识服务的受众范围。

8.精准个性化服务提升智慧图书馆的服务能力

第一，准确观察读者动态，提供精准服务。

在智慧图书馆建设中，物联网先进设备和网络技术的应用能够准确掌握读者的动态和需求，以此实现图书馆服务质量的提升，及时了解读者对服务体验的反馈并进行及时的改进和发展。智慧图书馆在准确监测读者动态和需求的基础上，服务水平不断提高，在适时适量服务的辅助下，帮助读者更好地获取适合个人需求的服务。读者在智慧图书馆中能够自由利用并共享信息资源，在此过程中还可以进一步实现知识资源的整合与创新，以此推动智慧图书馆整体的服务协调与共创。智慧图书馆可以在馆内加大优化服务的力度并拓展服务能力，这样的方式能够促进知识服务的适用性提升。智慧图书馆中先进物联网技术以及网络技术的应用能够快速、精准、全面地掌握读者的喜好和习惯等，利用相关的监测结果可以实现读者的需求，提高图书馆服务的有效性，结合监测结果为读者提供更加准确的信息服务，这样的服务形式能够促进图书馆智慧化服务体系的构建。

智慧图书馆为了增强读者的体验、实现智慧化管理和服务，需要根据不同条件及时转变服务的方式方法，图书馆智慧服务的方式方法取决于读者个人偏好、知识结构、图书馆服务场景等。为了更好地选择对应的服务方式，智慧图书馆需要全面了解读者的行为习惯，结合读者的实时需求和行为分析读者的习惯和爱好，并为图书馆的全体读者建立相应的行为档案，在之后的服务过程中利用智能技术为不同的读者匹配不同的服务，以此实现个性化服务和个人化服务，提升智慧图书馆的服务质量和读者满意度。在进行读者相关信息收集和整合的过程中，图书馆还要注意读者的隐私问题，加强智慧图书馆的系统防护和隐私保护体系，避免在图书馆信息收集过程中泄露读者的隐私。

智慧图书馆需要在进行服务信息收集之前让读者明确信息隐私相关问题，做好隐私保护和声明，保障读者在自愿的情况下提供个人信息。智慧图书馆对读者行为习惯的掌握能够有效提升图书馆服务的精确性和规范性，可以利用相关的第三方辅助手段了解读者的需求和偏好，促使个性化服务质量的提升。智慧图书馆还要在精准提供读者服务的基础上开展多样的智慧化资源服务活动，例如智能阅读、智慧学习、社区化小组活动、拓展再生内容的应用和自定义存储等，这些服务活动的深化能够进一步促进智慧图书馆读者之间的交流、资源共享、使用和创新，推进图书馆服务交流平台的功能升级。

在智慧图书馆中对服务进行升级，结合读者需求和习惯等提供服务能够有效优化读者体验，能够推动资源和服务之间的充分结合，提升智慧图书馆的影响力，增强读者对智慧图书馆的信任度。

第二，引入专业服务人才，加强组织学习。

智慧图书馆想要实现长远的发展，不仅要依靠先进的技术手段，还要引入优秀的智慧型专业服务人才，在长远发展的综合目标指导下提升人员业务能力，才能推动智慧图书馆的转型与发展。智慧图书馆需要重视专业人才的引进，在日常工作中不断提升馆员的专业能力和服务能力，才能全面提升智慧图书馆服务的高效性。智慧图书馆需要充分利用人员的综合素质优势和独特知识技能，构建专业的智慧化服务体系和服务团队，从而增强智慧图书馆的竞争力和专业性。

优秀的综合型人才是智慧图书馆发展的动力，也是我国当前智慧图书馆中缺乏的重要"软件"力量。优秀的专业服务人才能够满足智慧图书馆读者的需求，提升图书馆的管理和服务水平。馆员的服务水平也决定着图书馆智慧服务的效果。为了实现更好的服务创新，馆员不仅要具备良好的知识技能和服务素养，还要具备了解读者信息的能力，在提供服务的过程中利用自己的知识技能和服务素养满足读者的需求，创新服务技术和服务方法等为智慧图书馆的转型发展提供新的动力。

当前，我国的智慧图书馆中存在一定的人才结构不合理的情况，智慧图书馆需要采取引入优秀人才、培训人才、创新激励发展制度等方面进行人才结构的改革，严格制定人才引入制度，定期进行人才培训，创新激励制度，激发人才的潜力提升，充分发挥人才在智慧图书馆中的作用，利用完善的人才组织结构促进智慧图书馆的发展。

第三，构建管理激励体制，创新管理机制。

智慧图书馆的发展取决于读者的感知激励与内部管理机制的结合，图书馆在服务流程标准化和服务内容个性化建设过程中为读者提供高效的服务，能够进一步推动智慧图书馆服务管理平台的创新和发展。图书馆可以结合读者的需求，将平台功能与服务场景结合起来，推动管理激励的优化。管理激励通常包含对图书馆员的激励和对读者使用平台的激励。

随着信息技术和读者需求的不断发展，智慧图书馆的管理重心逐渐由资源管理向服务管理转移，服务管理的增强能够有效推动智慧图书馆的智慧化管理和服务，更好地实现服务目标，提升读者满意度。其中，服务管理的重点在于人才的管理，想要实现高效的人才管理就要完善激励制度，通过合理的激励制度激发人员自我提升并提升服务质量的积极性。智慧图书馆需要构建完整的人才管理体系，在引入优秀专业人才的基础上制定合理的人才作用制度，依靠人才、激励人才、发挥人才的特长才能推动人才适应智慧图书馆的发展需求，向读者提供高质量的服务和管理。智慧图书馆的高效管理和服务需要依靠整体馆员的共同努力，在团队的合作下才能真正得到最好的服务效果。在进行人才激励时需要全面考虑团队的实际情况和发展需求，对团队的人员分配、团结合作、知识技能等各方面进行有效激励，才能更好地利用团队发展推动智慧图书馆发展。

不同的读者在使用智慧图书馆的过程中往往会产生不同的需求和偏好，因此智慧图书馆在进行服务整体规划设计时需要充分考虑读者的需求、习惯和偏好，以此提升读者使用平台的体验感。对读者使用平台的激励通常能够体现在互联情境和资源情境两个方面。其一是互联情境。智慧图书馆需要充分考虑多种平台的使用场景、载体以及不同需求的读者的使用情境，完善不同读者在多种场景和载体下对智慧图书馆的使用情况，以此加强互联情境，对读者使用平台进行激励。其二是资源情境。智能图书馆需要强化自身的个性化服务，在互联情境的基础上建设资源情境，让读者能够在任意使用环境中获得充分的个性化资源服务，加强读者的使用体验，利用读者激励的手段帮助读者在资源、技术、服务和管理等因素的结合中获得最好的使用效果，全面增强智慧图书馆的智慧化服务效果。

第六章

上海交通大学智慧图书馆建设

第一节　上海交通大学智慧图书馆的资源配置

上海交通大学图书馆总面积约为6.63万平方米，阅览座位约有6324席。至2014年底，图书馆馆藏纸质文献340万册，期刊7500余种，电子期刊5.54万余种，电子图书268.27万余种，学位论文286.19万余种，电子数据库395个，此外，多媒体资源馆藏总量达15TB。图书馆支持通过网络搜索馆藏目录、电子文献、馆际互借、参考咨询、文献征订、新书刊报道等服务。图书馆提出"一流服务、主动服务、智能服务；一站式、自助式；个性化、人性化"的服务宗旨，创建"资料随手可得，信息共享空间；咨询无处不在，馆员走进学科；技术支撑服务，科研推进发展"的主动服务理念，以学科服务为主线，使闵行、徐汇和卢湾3个校区的4所图书馆形成多分馆协同服务的模式。图书馆定位为"以人为本，读者之家；知识服务，第二课堂；信息主导，共享空间"，推行"藏、查、借、阅、参"一体化服务机制，注重信息素养教育，传承学术精髓，弘扬校园文化，积极开展学科化服务，主动发挥学术交流中心、知识加工中心和文化传承中心的作用。

上海交通大学图书馆于2009年下半年成立了射频识别技术调研小组，在此基础上建立了"高校图书馆射频识别技术应用联盟——上海交通大学RFID技术创新中心"。该中心的建立促进了物联网技术在智慧图书馆中的应用，同时为智慧图书馆构建技术提供了基础设施。此外，上海交通大学图书馆尝试通过利用各种电子设备以及信息共享空间等设施，在知识检索平台以及学科信息指南网社区上，进行多层次、多领域的信息采集和信息数据汇集，实现信息的智能处理和共享协同，以实现各种形式载体所承载的信息在图书馆间的广泛、无障碍传播和互通。

上海交通大学图书馆在2010年推出国内首家一站式资源检索与获取平台——思源探索（饮水"思源"+知识"探索"，OURExplore，Online Universal Resource Explorer）。该平台基于简洁友好的服务界面以及以读者为中心的服务理念，为读者提供简单、便捷、高效的一站式资源检索平台，从而使读者能轻易地发现和获取图书馆馆藏资源和电子资源，例如图书、期刊文章和其他数字对象。系统推出以来，受到了读者的广泛关注和大力支持。为了更好地服务读者，开发者在其功能和使用体验上进行不断的创新和完善。2013年1月1日正式推出V4.0版。这一版本着重完善了数据全面性、检索智能性以及服务个性化等方面的内容，融合了新的服务功能。它的特色功能有6个方面：书/刊目录查询（包含馆藏纸质图书、期刊以及电子图书和图片资源，拥有600万图书和期刊数据）、文章查询（包含ACM、Gale、Springer、Thomson Reuters、知网、万方、维普等数据库，拥有近7亿篇学术文章数据）、学位论文查询（包含知网、万方、PQDT等主要数据库400多万篇硕博士学位论文数据）、多媒体查找（包含超星学术视频库、上海交通大学多媒体资源库、土豆网、56网等多个数据库，拥有320万个音视频数据）、整合资源（读者可以整合查找馆藏目录及电子数据库中的文章）、我的电子书架/我的检索方式/我的借阅信息。

思源探索平台的出现，使传统的资源发现和获取的模式发生了改变，读者可以根据自己的需要随意为资源添加标签，在社区内外发表评论以分享自己的经验和体验，还可以定制自己所需的个性化服务。

第二节　上海交通大学智慧图书馆的服务模式

一、围绕着"IC创新服务模式"进行智慧图书馆的构建

IC模式旨在将"信息共享空间"（Information Commons）和"创新社区"（Innovation Community）结合起来并进行有机融合，以使图书馆的服务效率和服务能力以几何级数的方式得到增长、提升。例如，在上海交通大学图书馆的"泛学科化服务体系"这个子服务模式中，上海交通大学图书馆通过与各个学院合作，在学院内部建立了学科服务基地，图书馆内部则相应地成立了与各个学院学科相对应的服务团队，还设置有专门联系人进行沟通与协调。同时，上海交通大学图书馆制定了相应的规章制度以明确馆员的职责目标和职责范围，例如规范了馆员在为院系提供学科服务时所采用的方式、策略与流程，得以将学科服务流程化、规范化。再例如，上海交通大学图书馆推出"泛在智慧课堂"的子

服务模式。该模式以"电子教参"系统为主，主要服务于大一、大二的学生。在下一个学期来临之前，图书馆会先获得教务处的课程安排。之后，图书馆搜集和整理与每一门课程相关的电子教学参考书、电子教案、电子教学大纲、电子版作业、电子版笔记、电子版学习心得以及电子版报告等资料，再以统一的平台形式将这些资料呈现给学生。学生可以通过多种途径（包括利用电脑、手机或是平板电脑等移动设备上网）访问网站，获取学习资源，依据自己的时间安排自由选择课程进行学习，同时，学生还可以在线与授课教师和同课堂的同学进行知识的分享与交流。

二、"IC人文拓展计划"

为了丰富校园文化主题，加强校园文化建设，上海交通大学图书馆还推出了IC的子服务模式——"IC人文拓展计划"。该创新服务模式得到了广泛的好评。其中，最有创意的"鲜悦"服务模式获得了极好的服务效果。它一改以往"人读书"的思维，变为将"人"作为一种读物进行阅读，被阅读的对象涉及普通学生、学校领导、特色人物等。总之，谁都有机会成为被阅读的对象，甚至还可以成为"畅销书"。这种阅读思路可以给读者带来新鲜感和喜悦感，令读者乐于参与阅读、讨论乃至交流。最终，该品牌获得了非常好的反响。

三、积极举办馆内活动，增强读者对图书馆的感知程度

上海交通大学图书馆还利用几米高的十分醒目的宣传板、海报等宣告图书馆内举办的活动，使读者更好地享受图书馆所提供的服务。读者能够随时随地体会到图书馆的重要作用，增强了读者对于图书馆存在感的感知。随着读者越来越信任和依赖图书馆，读者访问图书馆的次数也会随之增加，图书馆的工作人员也增强了被需要的责任感和强烈的存在感。

四、积极开展各类培训项目

上海交通大学图书馆以中国高等教育文献保障系统（CALIS）的三期建设项目下的两个子项目——馆员素养培训与资质认证子项目和参考咨询服务为契机，继续推进智慧图书馆的建设，与兄弟图书馆加强智慧图书馆建设的合作，推广智慧图书馆建设的经验。上海交通大学图书馆以多种渠道、多种形式开展了各种类别的培训项目，并且取得了显著的成效。这些培训项目有头脑风暴小组决策、馆员访问、全国巡回讲座、远程网络授课、现场培训、在线讨论与研究、专题研修等。

五、全力打造全新服务模式——"学科服务"

"用我们的优质服务，节省您的宝贵时间"是学科服务团队提出的

一个响亮的服务口号。这种全新的服务模式采取普遍推广与重点服务相结合的方式，以图书馆、院系和虚拟社区为依托，为读者提供全方位、个性化的学科信息和咨询服务。

学科服务包含了3个方面的内容：特定文献的检索服务、学科信息的检索和分析服务、读者信息素养培训。特定文献的检索服务主要针对那些存在于图书馆中但读者又未能查找到的文献，为读者提供正确的文献检索方法和文献所在位置的服务。对图书馆没有收藏的文献资源，图书馆可以通过推荐馆际互借服务或作者网站等方法来解决。学科信息的检索和分析服务，即图书馆参考咨询部的学科馆员需要初步了解学科研究发展情况，以增强自己对相关的学科内容、发展热点的敏感性，以更好地服务读者。同时，为明确信息的需求和服务的方式，也需要加强同老师和学生的沟通和交流。读者信息素养培训，即图书馆通过问卷调查的形式，对学生在信息查找和利用中经常遇到的问题和最感兴趣的内容进行了解，根据调查分析结果，学科馆员进入院系，陆续开展有针对性的培训。

上海交通大学图书馆通过引进先进的服务理念与现代化的技术，合理配置和协调资源，为学校师生提供了良好的纸质文献资源及一站式知识服务支撑平台。

第三节　上海交通大学智慧图书馆建设存在的
问题与改进对策

一、存在的主要问题

上海交通大学图书馆在一些传统性的工作上，仍停留在原始的"人工"状态，如图书采购和分类、图书借还、图书分拣、图书整架、图书盘点等。这些工作占据了图书馆大部分的人力，使得馆员的工作负担过重。随着图书馆自动化、智能化管理技术的推广，先进的、直接的信息获取方式与落后的、效率低下的图书馆"人工"管理方式形成了巨大的反差。传统的纸质资源管理模式已成为阻碍现阶段上海交通大学图书馆发展的重要因素，因此，急需改变图书馆现状，推动智慧图书馆的发展与完善。

二、改进对策与建议

上海交通大学图书馆需要建立一套更智能、更安全的基础设施，让馆员从烦琐的人工管理模式中解脱出来，让图书馆降低运营成本，同时可以兼容现有的服务系统，实现智慧图书馆中物理空间与虚拟空间的完美融合。随着时代的发展，图书馆越来越依赖于素质高、具有创新精神及献身精神的专业团队，因此，提高图书馆馆员的业务素质，建立图书馆馆员职业发展的长效机制是很有必要的。随着信息资源日益丰富以及"泛在"服务环境的扩大化，智慧图书馆不仅需要完善自身的管理机制，形成核心竞争力，改变服务观念，还需要有长远的眼光和更智慧的思想，来为读者开展更为智慧的服务。

图书馆馆员需要不断地学习，使自己更具洞察力，可以在大量、杂乱无序的信息资源中，找到有用的信息并向读者提供最符合他们需求的信息，为读者提供最恰当的选择。此外，图书馆馆员还需要用自身所具有的专业知识和服务经验，不断地创新服务模式和服务流程，为读者提供更为个性化的服务流程和服务机制，为无处不在的、灵活的服务提供支持，以实现更有效率、更为高质量的智慧服务。

未来，借助不断发展的现代信息技术，上海交通大学图书馆将提供更为智慧、更为深层次、更为多元化、更为个性化的信息服务，实现人与人、人与图书馆、人与书的广泛的互联互通，使庞大的信息资源能在以物联网为基础的统一信息检索与获取的平台上聚合并创造新的信息资源，提供全新的现代化服务模式，为实现构建智慧图书馆的目标创造条件。

参考文献

[1]单轸，陈雅．新技术背景下高校智慧图书馆建设优化策略研究[J]．图书馆，2022，（05）：48—53．

[2]曾小英．高校智慧图书馆建设与服务创新研究[J]．产业与科技论坛，2022，21（09）：287—288．

[3]苏永．高校学科馆员在智慧图书馆建设中的作用[J]．大庆社会科学，2022，（02）：139—141．

[4]王红芳，张妮，宣静雯．大数据背景下高校智慧图书馆建设路径分析[J]．河南图书馆学刊，2022，42（04）：50—52．

[5]杨广宇．"十四五"规划期间普通高等本科院校智慧图书馆建设研究——以黑河学院图书馆为例[J]．兰台内外，2022，（11）：52—54．

[6]吴克莉．"双一流"视域下中医院校智慧图书馆建设策略研究

[J]. 兰台内外，2022，（11）：58—60.

[7]陈蓉，吴泽琴. 大数据5G时代智慧图书馆建设路径分析[J]. 互联网周刊，2022，（06）：56—58.

[8]张艳霞. 高校智慧图书馆建设的理论与实践探究[J]. 产业与科技论坛，2022，21（06）：273—274.

[9]龚菲. 浅谈基于RFID技术的地方高校智慧图书馆建设[J]. 内蒙古科技与经济，2022，（05）：68—69+108.

[10]王妤. 公共数字文化发展背景下智慧图书馆建设策略[J]. 才智，2022，（08）：184—186.

[11]周怡波. 智慧图书馆建设路径[J]. 中国科技信息，2022，（05）：136—137.

[12]李秀娟. 新一代服务平台环境下的智慧图书馆建设：业务重组与数据管理[J]. 黑龙江档案，2022，（01）：318—320.

[13]张玉祥，田欣，翟文敏. 中医院校智慧图书馆建设与应用探索——以山东中医药大学图书馆为例[J]. 内蒙古科技与经济，2022，（04）：153—154.

[14]王栓栓，徐瑾. 数智时代高职院校智慧图书馆建设探析[J]. 传媒论坛，2022，5（04）：88—91.

[15]孙鹏，车宝晶. 我国高校智慧图书馆建设进展及策略研究[J]. 图书馆工作与研究，2022，（02）：30—36.

[16]李依轩，李梅. 基于物联网的智慧图书馆建设[J]. 济南职业学院学报，2022，（01）：115—118.

[17]李素娟. 大数据环境下高校智慧图书馆建设及其基础性安全问

题[J]．才智，2022，（05）：157—159．

[18]徐咖．高职院校智慧图书馆建设实践——以六安职业技术学院图书馆为例[J]．江苏科技信息，2022，39（03）：26—28．

[19]吴琳．基于大数据的高校智慧图书馆建设研究[J]．无线互联科技，2022，19（02）：23—24．

[20]钟阳，林珍梅．高职院校智慧图书馆建设的思考与实践[J]．科技风，2022，（03）：53—55．

[21]梁征．"十四五"时期智慧图书馆建设技术路径探析——以广州图书馆为例[J]．河南图书馆学刊，2022，42（01）：98—100．

[22]沈奎林．智慧图书馆建设思考与实践[J]．大学图书情报学刊，2022，40（01）：7—14．

[23]张文新．智慧图书馆建设背景下边缘计算技术的应用探析——以深圳大学图书馆为例[J]．图书馆研究与工作，2022，（01）：66—71．

[24]丁屹．新时期城市智慧图书馆建设[J]．办公室业务，2022，（01）：154—155．

[25]孙一博．新媒体视野下智慧图书馆建设的思考[J]．参花（上），2022，（01）：95—97．

[26]刘冬．公共数字文化发展背景下智慧图书馆建设策略研究[J]．工业技术与职业教育，2021，19（04）：115—117．

[27]聂应高．地方高校智慧图书馆建设困境与发展对策——以湖北科技学院图书馆为例[J]．湖北科技学院学报，2021，41（06）：84—89．

[28]李金阳．基于WBS—RBS法的智慧图书馆建设分析及策略研究[J]．福建图书馆学刊，2021，4（04）：26—32．

[29]孙安玲．人工智能在智慧图书馆建设中的应用[J]．中阿科技论坛（中英文），2021，（12）：56—58．

[30]易星，黄美，刘如娣．红色文化传播视角下的智慧图书馆建设[J]．工程技术研究，2021，6（23）：187—190．

[31]马守军．人工智能驱动下的智慧图书馆建设影响因素研究——以民办高校为例[J]．现代信息科技，2021，5（23）：127—130．

[32]吴建中，郭生山．关于智慧图书馆建设的几点思考——专访吴建中先生[J]．图书馆理论与实践，2022，（02）：1—4．

[33]李菲菲．基于人工智能的智慧图书馆建设的逻辑和方法研究[J]．情报科学，2021，39（12）：87—92．

[34]何良，张杨．"十四五"规划期间滞后型高校智慧图书馆建设[J]．黑河学院学报，2021，12（11）：186—188．

[35]秦贺然．高职院校智慧图书馆建设与经济现象、经济活动相关研究[J]．财富时代，2021，（11）：200—201．

[36]周莉．智慧图书馆建设与服务模式探究[J]．智慧中国，2021，（11）：82—83．

[37]胡婷．智慧图书馆建设框架与应用系统模型构想[J]．内蒙古科技与经济，2021，（21）：77—78．

[38]刘奕娜．智慧图书馆建设下校园文化建设分析[J]．文化产业，2021，（31）：118—120．

[39]高建辉，杜佳敏．欠发达地区高校智慧图书馆建设方案研究[J]．兰台世界，2021，（11）：104—108．

[40]张先锋．基于微服务架构的院校智慧图书馆建设[J]．数字通信世

界，2021，（11）：95—97.

[41]孟冬晴，牛莉丽．智慧图书馆建设背景下的资源推广服务模式探索[J]．医学信息学杂志，2021，42（10）：77—81.

[42]杨舒卉，卢永刚，贾林琛．智慧校园背景下的智慧图书馆建设探析[J]．科技资讯，2021，19（30）：155—157.

[43]王欢．"双一流"建设背景下大学智慧图书馆建设模式探析[J]．图书馆工作与研究，2021，（S1）：97—101.

[44]徐桂英．党校智慧图书馆建设研究[J]．图书馆工作与研究，2021，（S1）：102—107.

[45]马楠．新时代智慧图书馆建设路径探究[J]．传媒论坛，2021，4（19）：142—143.

[46]只莹莹．5G环境下边缘计算对智慧图书馆建设的推动作用[J]．图书情报导刊，2021，6（09）：8—12+19.

[47]刘婧，罗岚，常李艳．基于霍尔三维结构的智慧图书馆建设研究[J]．图书馆学研究，2021，（18）：17—25+38.

[48]冯莉．智慧图书馆建设背景下读者服务模式思考[J]．科技与创新，2021，（18）：121—122.

[49]林杏．新时代智慧图书馆建设分析[J]．科技资讯，2021，19（27）：156—157+160.

[50]王顺先，金耀，许淮．高等教育国际化背景下的智慧图书馆建设探究[J]．时代报告（奔流），2021，（09）：111—112.

[51]曹亮，李湘丽，刘双印，徐龙琴，尹航，郑建华．基于知识图谱的高校智慧图书馆建设研究[J]．无线互联科技，2021，18（17）：

164—166.

[52]王超，靳向宇．5G与智慧图书馆建设[J]．网络安全技术与应用，2021，（09）：142—144.

[53]达莎．基于物联网的智慧图书馆建设研究[J]．办公室业务，2021，（16）：161—162.

[54]段美珍，张冬荣，冯占英．面向对象分析视角下的智慧图书馆建设评价要素研究[J]．数字图书馆论坛，2021，（08）：2—9.

[55]王维秋，刘春丽．5G环境下的智慧图书馆建设[J]．四川图书馆学报，2021，（04）：6—12.

[56]邹晴枫．地方高校智慧图书馆建设实践——以温州大学图书馆为例[J]．江苏科技信息，2021，38（24）：26—31.

[57]杜宁．智慧图书馆建设研究[J]．科技资讯，2021，19（24）：147—149.

[58]向玉涵．5G背景下智慧图书馆建设的路径探析[J]．科技资讯，2021，19（24）：155—156+159.

[59]丛敬军，尤江东，方义．智慧图书馆建设成熟度评价指标体系构建研究[J]．图书馆论坛：1—9.

[60]马金波．智能终端配送在社区智慧图书馆建设中的应用研究[J]．图书馆界，2021，（04）：27—31.

[61]柳娜，马燕．新时期背景下我国高校智慧图书馆建设策略研究[J]．传媒论坛，2021，4（15）：5—6.

[62]杨波．高校智慧图书馆建设优化策略——基于SWOT分析法[J]．江苏科技信息，2021，38（22）：33—36.

[63]文康辉．"十四五"规划背景下智慧图书馆建设策略研究[J]．兰台内外，2021，（22）：55—57．

[64]张欣欣．大数据背景下高校智慧图书馆建设路径研究[J]．参花（上），2021，（08）：127—128．

[65]段美珍，初景利，张冬荣，张颖．智慧图书馆建设评价指标体系构建与解析[J]．图书情报工作，2021，65（14）：30—39．

[66]黄秀英．智慧城市视角下城市智慧图书馆建设探究[J]．美与时代（城市版），2021，（07）：15—16．

[67]万立军，郭爽．政学协同社区智慧图书馆建设的SIR演化博弈分析[J]．新世纪图书馆，2021，（07）：75—82．

[68]徐旭光，王飞，陈娜，瞿冬霞，张若雅．文化视域下的高校智慧图书馆建设——以苏州大学图书馆为例[J]．河南图书馆学刊，2021，41（07）：42—44．

[69]范雯．基于大数据平台架构的智慧图书馆建设研究[J]．河南图书馆学刊，2021，41（07）：124—125+132．

[70]朱玉斌．高职院校智慧图书馆建设研究[J]．作家天地，2021，（20）：181—182．

[71]陈平．大数据时代智慧图书馆建设路径[J]．信息记录材料，2021，22（07）：222—224．

[72]陈荣端．浅谈我国城市智慧图书馆建设[J]．智能城市，2021，7（12）：49—50．

[73]黄强．新时代智慧图书馆建设路径探究[J]．武汉船舶职业技术学院学报，2021，20（02）：132—134．

[74]段美珍，初景利，张冬荣，冯占英．"双一流"高校智慧图书馆建设现状调查与分析[J]．图书馆论坛，2022，42（01）：91—101．

[75]闫方宇．智慧图书馆建设背景下读者服务模式新思考[J]．文化产业，2021，（17）：69—70．

[76]白娟．基于物联网的高校外语智慧图书馆建设与应用[J]．物联网技术，2021，11（06）：92—94．

[77]赵兰英．人工智能时代高职院校智慧图书馆建设的模式与路径[J]．时代报告（奔流），2021，（06）：102—103．

[78]刘晓叶．智慧图书馆建设背景下高校图书馆资源采访模式探析[J]．情报探索，2021，（06）：110—116．

[79]张精理，巩媛媛，何成竹．智慧图书馆建设和分层结构探讨[J]．中华医学图书情报杂志，2021，30（06）：70—74．

[80]杨凤云．智慧图书馆发展与高校图书馆建设探究[J]．江苏科技信息，2021，38（16）：18—20．